初中英语语音教学现状及策略研究

申海良　著

中国矿业大学出版社
·徐州·

内 容 简 介

本书立足初中英语语音教学实践，在总结已有相关成果、明确核心概念的基础上，探究初中英语语音教学的现状，结合优质课例及自然拼读法的运用，分析教师在语音教学中“教什么”“怎么教”等问题，并提出提高初中英语语音教学的有效性建议，旨在引领初中英语教师高效地进行语音教学，提高教师的语音教学水平。

图书在版编目(CIP)数据

初中英语语音教学现状及策略研究 / 申海良著.
徐州：中国矿业大学出版社，2022.5
ISBN 978-7-5646-5383-5

Ⅰ.①初…　Ⅱ.①申…　Ⅲ.①英语—语音—教学研究—初中　Ⅳ.①G633.412

中国版本图书馆 CIP 数据核字(2022)第 073507 号

书　　名　初中英语语音教学现状及策略研究
著　　者　申海良
责任编辑　齐　畅
出版发行　中国矿业大学出版社有限责任公司
(江苏省徐州市解放南路　邮编 221008)
营销热线　(0516)83884103　83885105
出版服务　(0516)83995789　83884920
网　　址　http://www.cumtp.com　**E-mail**:cumtpvip@cumtp.com
印　　刷　徐州中矿大印发科技有限公司
开　　本　787 mm×1092 mm　1/16　**印张** 10.5　**字数** 151 千字
版次印次　2022 年 5 月第 1 版　2022 年 5 月第 1 次印刷
定　　价　36.00 元

前　言

《义务教育英语课程标准(2022 年版)》明确规定,义务教育阶段要重视学生对英语语音的学习,学生不仅要清楚地知道 26 个英文字母的读音,也要了解简单的拼读规律,以及重音和语调等语音知识。初中阶段是语音学习的提升阶段,也是关键阶段,利用好学生的语言学习关键期,不仅能够培养学生的英语语感,也能够帮助学生积累语音知识,梳理英语语言体系,加深学生对英美国家文化的了解,为之后更好地进行英语学习奠定坚实的基础。所以,在初中阶段开展语音教学,对学生的语言学习是至关重要的。目前,由于语音板块在初中英语教材中所占篇幅不多,一些教师往往会忽略语音教学,或者采取较为死板的教学方法,导致语音教学效果不理想。当然,有许多教师凭借自身丰富的教学经验和扎实的教学功底,根据语音教学内容合理地选择教学方法,形成语音教学优质课例,最终达到《义务教育英语课程标准(2022 年版)》对语音教学的要求,切实提高学生的语音能力。

本书主要运用文献研究、调查研究和课例分析的方法对初中英语语音教学进行探讨,分析了初中英语语音教学现状,并结合《义务教育英语课程标准(2022年版)》的要求,提出了初中英语语音教学的策略,并重点阐述了自然拼读法在语音教学中的应用。在本书的最后,笔者从"字母教学""相同字母组合不同读音""不同字母组合相同读音"等方面选取了三个优质课例,试图分析教师在语音教学中"教什么"和"怎么教"等问题,探析教师在语音教学中的教学亮点,并归纳优质课例的教学特征,在此基础上,总结提炼出优化初中英语语音教学的实施建议。

希望本书的出版能够帮助初中一线英语教师结合语音教学内容进行有效的教学,提高教师的教学水平,有效激发学生对语音学习的兴趣,使学生为之后的语言学习打下坚实的基础。

目　录

第一章　初中英语语音教学的理论基础和核心概念界定

第一节　理论基础

一、输入假设理论

美国著名的语言学家克拉申在20世纪80年代提出了对第二语言习得领域有着显著影响的“监察模式”。该模式由五个假设构成，分别是：习得-学得假说、自然顺序假说、监控假说、输入假说和情感过滤假说。其中，输入假说是克拉申语言习得理论的核心部分，也是本书依托的重要理论基础。为了使学生的语言学习从低阶进入高阶，按照克拉申语言输入理论，为学生提供的语言材料中应当包括高一层次的语言结构，即将新的内容加到每一个学习阶段，这就是“$i+1$”语言输入原则:字母 i 表示学生现有的语言水平,数字 1 表示高一层次的语言材料。基于此理论,学生依据现有水平,在不断努力后能够接受更高一层次的语言材料,进而提升自身的语言学习技能。语言习得的关键是接触大量自然的语言材料,阅读是语言输入的主要形式之一。语言输入有以下特征。

第一,语言输入具有可理解性的特征。语言学习者只有在理解语言材料的基础上才能深入学习和掌握语言,对于语言的初学者更是如此,不理解的语言对他们来说只是一种毫无价值的负担。图文并茂的英文绘本能够帮助学生理解故事大意,可重复性的词句能够帮助学生体验语言韵律和记忆语言知识。

第二,语言输入具有趣味性和相关性的特征。从实际出发,根据学生的需要和特点选择一定的语言材料进行教学,教师选择的语言材料越切合学生的学习兴趣和教学需要,就越能够创设轻松愉悦的教学氛围,使学生在潜移默化中感知和领会语言知识。英文绘本的话题和内容源于生活,贴近学生的生活实际,能够建立真实的语言学习环境,学生可以在真实整体的语境中感受词句的意义。而且英文绘本配有色彩鲜明、生动形象的图片,可以很好地吸引学生的注意力,激发学生的英语学习兴趣。

第三,语言输入具有非语法程序的特征。按照语法程序进行教学,既不符合学生的语言习得规律,也不符合相关教育目标的要求。只有在语言材料可理解的基础上,根据学生的认知发展特点,选择适当的语言材料进行的语言学习,才是有效的语言习得过程。英文绘本的语言和图片是根据学生的年龄、语言水平、学习兴趣编排的,而不是根据语法规则的难易编排的,教师可以根据教材需要和学生学习需求灵活选择英文绘本辅助教学。

第四,语言输入具有输入量充足的特征。克拉申“$i+1$”语言输入原则下的语言材料必须满足输入量足够多且多层次的条件,教师需要为学生提供循序渐进的、形式多样的内容输入和练习活动，这样才能使语言学习者完全习得一种全新的语言结构。英文绘本内容涉及语音识别、语法渗透、词汇拓展，学生在阅读绘本的同时可以通过模仿绘本发音，进而感知语音现象、培养语音意识等，实现多层次学习。

二、语言迁移理论

外语教学理论中的语言迁移理论是学习者在学习第二语言时的一个重要理论。在行为主义语言习得理论中，语言被看作一种习惯。学习外语等同于学习一套新的习惯。母语相当于旧的习惯，目标语言相当于新的习惯。人们在养成新习惯的时候难免会受到旧习惯的影响，这种在学习过程中旧习惯对新习惯的影响，叫作“迁移”。母语中和目标语相近的地方，对学习有促进作用，叫作“正迁移”；母语中和目标语差异比较大的地方，给学习带来的困难较大，有阻碍作用，叫作“负迁移”，这就是著名的语言迁移理论①。

（一）对比分析理论

对比分析理论出现于 20 世纪 50 年代。该理论指出，在目标语中，与学习者母语相似的部分更容易被学习者接受，不易产生错误。但是与母语差异较大的部分，对学习者来说是比较难的，更容易出现错误和偏差。这对执教者进行初中英语语音教学带来了很多启示。执教者在进行教学前可以将所教学的目标语言与母语进行对比，找出目标语言和母语差异比较大的部分。比如，在教学英语时，英语语音非常重要，但是在汉语中没有涉及“节奏”“语调”“重读”“连读”等。执教者可以根据预测，对学生学习时有一定困难的内容重点强化，还可以根据这些比

① 郭莹．外国文化讲习录[M]．北京：北京大学出版社，2010：84．

对和预测,选择更贴近学情的教学方法,制定更明确的教学目标,安排更科学合理的教学进度。

(二)错误分析理论

学生在语音学习中的语音错误,是负迁移的结果。执教者首先要明确,学习语言的过程,就是不断犯错,分析错误,观察错误,从错误中找到学习规律,不断向目标语言靠近的过程。所以,教师需要通过比较母语和目标语的异同,提前预测出学生在语音学习中容易发生错误的地方。执教者通过备课过程和课堂讲授过程,有针对性地着重讲解,重复操练,帮助学生找到自己的语音难点,降低语音难点的错误率,帮助学生克服"负迁移"带来的学习困难,减轻学生在初学语音时因为怕犯错误而带来的焦虑。教师也要注意纠正错误的方法。通常,母语"负迁移"导致的错误是根深蒂固的,不能通过一两次的纠正就可以得到明显改观,所以教师对学生错误的纠正要有长期系统的计划。教师更要注意纠正学生错误时所采取的态度,要注意保护学生的积极性和情感体验,只有这样才能达到教学目的,提高语音教学水平。

三、第二语言习得理论

语言习得指的是儿童对母语的学习,即儿童是如何理解并且说出他的社会团体语言的。20 世纪 70 年代,第二语言习得被正式确立为一门学科,这门学科专门解释一个人如何系统地获得除了母语之外的第二语言。这里的第二语言不是指人们口头的"外语",而是指除了自身已经掌握的语言之外的第二种语言,也称为目标语言。第二语言习得是一种复杂的现象,现有的任何模式都不能全面地对其进行描述。对于第二语言习得的原理的解释,行为主义者认为是人类对模仿的知识进行了强化的结果,也有学者倾向于强调自然的沉浸式学习,他们强调人类天生具备语言习得功能，如果给学习者提供足够的语言输入，学习者就能够进行语言学习。社会互动主义者表示，由于语言学习与对这个世界的感知密切联系，因此在学习第二语言时，如果没有相应的语言环境，人们会很难理解第二语言的语法知识。

克拉申的输入假说在第二语言习得的不同理论和模型中占有不容忽视的地位。克拉申认为，第二语言习得有两种方式：习得和学习。习得这一过程就好比儿童学习自己的母语，它仅仅是在日常生活中儿童对成人语言的模仿，这是一个无意识的过程，学习者很少意识到他们自己是在学习，而是认为他们在使用语言进行交流，人们把这种学习称作内隐学习、非正式学习或自然学习等。学习是指通过学习语言规则，并进行相应的训练，去有意识地学习母语之外的语言。除了这一区别外，克拉申认为，学习语言的前提是将语言进行有效的消化，即理解学习。他认为，理解学习是学习者学习略高于自己现有语言水平的知识。克拉申还指出，输入假设是所有习得的核心，并且对课堂外语教学有极大的影响。

四、皮亚杰的认知发展理论

皮亚杰是瑞士著名的儿童心理学家，他创立了认知发展理论。皮亚杰的认知发展理论摆脱了遗传和环境的争论和纠葛，提出了内因和外因相互作用的发展观，即心理发展是主体与客体相互作用的结果。皮亚杰认为，随着环境和有机体自身的变化，智力的结构和功能必然发生不断变化，以适应变化的条件。

皮亚杰认为，一切知识从功能机制上说，是同化与顺应的统一；从结构机制上分析，则是主体认知结构的内化产生和外化应用的统一。而运算是组成认知结构的元素，各个运算联系在一起就组成了结构的整体。

皮亚杰认为，发展有四个条件，即成熟、实际经验、社会环境的作用和平衡化，前三者是发展的三个经典性因素，而第四个条件才是真正的原因。皮亚杰认为，心理既不起源于先天的成熟，也不起源于后天的经验，而是起源于动作。即动作是认识的源泉，是主客体相互作用的中介。最早的动作是与生俱来的无条件反射。儿童一出生对外界的刺激就会产生多种无条件反射，发出自己需求的信号，与周围环境相互作用。随之发展起来的各种活动与心理操作，都在儿童的心理发展中起着主体与环境相互作用的中介作用。第四个条件平衡化促进了同化与顺应之间的和谐发展，并使得成熟、实际经验和社会环境之间处在协调状态。更为重要的是，平衡的倾向作为一种过程，总是把儿童的认知水平推向更高阶段。当低层次的平衡被冲破以后，由于有了这种倾向，平衡才能在高一级的水平上得以恢复，从而导致了智力的发展，因此，平衡化是发展最为根本的条件。

皮亚杰把儿童的认知发展分成四个阶段。第一阶段是感知运算阶段(感觉-动作期，0～2 岁)。这个阶段的儿童的主要认知结构是感知运动图式，儿童借助这种图式可以协调感知输入和动作反应，从而依靠动作去适应环境。通过这一阶段，儿童从一个仅仅具有反射行为的个体逐渐发展成为对其日常生活环境有初步了解的问题解决者。第二阶段是前运算阶段(前运算思维期，2～7 岁)。在该阶段，儿童将感知动作内化为表象，建立了符号功能，可凭借心理符号(主要是表象)进行思维，从而使思维有了质的飞跃。第三阶段是具体运算阶段(具体运算思维期，7～11 岁)。在该阶段，儿童的认知结构由前运算阶段的表象图式演化为运算图式。具体运算思维的特点是：具有守恒性、摆脱自我中心性和可逆性。皮亚杰认为，该时期的心理操作着眼于抽象概念，属于运算性(逻辑性)的，但思维活动需要具体内容的支持。第四阶段是形式运算阶段(形式运算思维期，从 11 岁开始一直发展)。这个时期，儿童思维发展到抽象逻辑推理水平，其思维形式摆脱思维内容，形式运算阶段的儿童能够摆脱现实的影响,关注假设的命题,可以对假设命题作出逻辑的和富有创造性的反应。同时,儿童可以进行假设-演绎推理。

第二节　核心概念界定

一、语音

语音是语言的物质外壳,是语言的要素之一,是人类通过自身身体器官的作用所发出的相互之间交流的物质材料和载体。只要是人说出来的进行思想理论的交流或内心情感表达的声音都叫语音。没有语音,语言就得不到体现,就不能达到交际的目的。绝大多数的语音都是通过舌头和嘴唇的动作发出的,这些动作被称为 gestures。和用手做出的 gestures 相比,这种由舌头和嘴唇做出的 gestures 是可以被人听到的。当然,除了舌头和嘴唇,语音的产生还要依赖于其他多个器官。语音也是语言系统中的单位,我们可以从多个研究领域来分析语音,比如,方言、社会变异、言语障碍、言语认知、言语合成等。在语言的音、形、义三个基本属性中,语音是第一属性。

二、超音段音位

美国语言学家将能够表示语音意旨的元音和辅音叫作音段音位,将音长、音调、重音等叫作超音段音位。美国的结构主义语言学家在研究英语的语音结构时,将超音段因素的范围进行了扩大。超音段音位的组成成分涉及语音方面的不止一个声音片段,还包括音节、重音、语调以及声调。音节是发音的最小单位,它是由不同音素以不同的组合方式构成的。重音是指在产生音节时所使用的力的程度,由此产生重读音节与非重读音节。语调就是说话的声调。语调的组成元素较为复杂,其原因是它囊括了语音的音调、音长以及重音等的变化。一般语调包含停顿、语句重音以及升降调。

三、英语语音教学

不同学说对于"教学"的理解有着不同的代表观点。例如,师生双边活动说认为,所谓教学就是教师的教和学生的学的统一活动,在这个活动中学生在掌握知识的同时,身心也能够得到发展。而学生发展说则认为,教学实际上就是受教育者在教师的引导下,有计划、有目的地、积极主动地发展自己,使自己逐步达到培养目标的一个过程。

虽然关于"教学"的含义有着不同的争论,但随着课程改革的不断深化,教学是教师的教和学生的学的双边统一活动这一观点被越来越多的学者认可。因此,笔者认为,语音教学就是师生共同通过对段落、对话的学习,从中学会其中包含的音素、重音、语调等内容,从而掌握正确的语音基础知识,形成良好的发音习惯的过程。这个过程并不是教师一味地进行语音输出,也不是学生自顾自地埋头自学,而是在掌握语音知识的基础之上,师生通过互动交流,反复操练语音的一个过程。由于初中生的认知特点和思维水平的原因,初中阶段的语音教学和其他学段相比,有着独特之处。初中英语语音教学是系统的语音学习,甚至是英语学习的基础和开端,在教学过程中,教师应重视培养学生对语音学习的兴趣和对英语语感的感知。

四、自然拼读法

自然拼读法是以英语为母语的国家的学生在阅读时普遍使用的学

习方法。学生在学习过程中,通过直接学习 26 个字母及字母组合在单词中的发音规则,建立字母与字母组合的音形对应关系,从而达到“见字读音,听音辨字”的效果。自然拼读法在西方国家已经有上百年历史,在 21 世纪初引入我国。自然拼读法为口语中的发音提供了重要的信息。自然拼读法建立了字母和发音之间的联系,是帮助读者认读单词的方法。自然拼读法是基于教授字母规则的阅读教学系统,这种系统的核心是字母或字母组合与它们相对应的发音之间所建立的直接关系。自然拼读法是通过建立字母和字母发音之间的关系,帮助读者认读单词和提高阅读能力的方法。

综上所述,由于不同学者研究的领域不同,对自然拼读法的定义描述也各不相同,但学者们一致认为自然拼读法的音形对应关系在学习中具有突出作用。笔者认为,自然拼读法是在建立字母、字母组合与其发音的音形对应关系的基础上,帮助学生认读和拼写单词,实现“见词能读”和“听音能写”,并促进阅读启蒙的英语教学法。

五、语音教学与音标教学

国际音标最初是由英国和法国的音标学家提出的,后经过多次修订。音标就是记录音素的符号,是音素的标写符号。国际音标的制定原则是,一个音素只用一个音标表示,一个音标只表示一个音素。在当前的国际音标中,共有 48 个音素,包括 20 个元音和 28 个辅音。在我国的英语教学中,大多采用英式音标。

本书中的音标教学是指,在初中英语课堂中,教师为了向学生讲解单词的发音或句子中某个单词的读音时,将这些基本因素以及字母或字母组合的读音传授给学生的一种教学方法。音标教学可以是系统的音标讲解课程,也可以是教师在进行阅读教学或其他课型教学时,对所涉及的音标进行简单的教授。

相对于音标教学来说，语音教学所涉及的范围更为广泛。虽然音标的习得对于学习者的英语发音来说至关重要，但仅仅靠音标是无法保证英语交流的流畅性的。英语交际除了需要正确的单词发音之外，还需要重音、语调等来表情达意。例如单词“sorry”，不同的语调表示不同的意思，中立的语调可能表示一种真诚的道歉，而上扬锋利的语调表达的意思则与之相反。英语语音教学不能简单地等同于音标教学，除去音标，语音教学还包括重音、语调等。系统的语音教学决定着学生的英语交际流畅程度，是初中生学好英语这门语言的奠基石。

第二章　初中英语语音教学意义和教学分析

第一节　教学意义及教学要求

一、初中英语语音教学意义分析

（一）语音教学在初中英语教学中的价值

在人类社会中，最基本的交际工具就是语言，语言中包含的信息要通过说话传递出来，人类的“说话”即语言的语音。语义是说话的意思，而语言就是将语义通过一种物质形态表现出来，语言的存在也伴随着语音的存在。语音是语言存在和发展的必要条件，也是语言的一种外部表现形式，语音学习是语言学习的首要内容。在英语学习中，学习语音可为英语学习打下坚实的基础，因为语音学习可以直接或间接地影响和制约听力、口语、阅读和写作技能的发展，语法和词汇是通过语音学反映出来的。由此可知，英语语音教学是英语语言教学的根基。

随着《义务教育英语课程标准(2022 年版)》的颁布，语音教学在英语教学中的地位逐渐突显。尤其是在初中阶段，《义务教育英语课程标准(2022 年版)》要求九年级结束时应该达到第五级的标准，并在五级语言知识目标中对语音部分提出了相关要求。目前，语音教学在初中阶段越来越受重视，很多学校会经常组织故事表演、英语配音等活动激发学生学习英语的兴趣，让学生明白学好语音的重要性。另外，许多学校逐渐将语音测试作为英语期末考核的一部分。

但是，很多一线普通英语教师在语音教学中仍存在很多疑惑和问题。笔者通过观摩一线英语教师的语音教学，发现问题主要有以下几个方面。首先，部分教师的语音素质不过关，比如在读 nobody /ˈnəʊbədi/这个单词时，有些教师会读成/ˈnəʊbərdi/，无意识地在第二个音节中加入了浊辅音/r/。初中生学习语音主要依靠跟读模仿，教师的错误发音不利于学生的语音习得。其次，教学方法较为单一。在进行语音教学时，教师往往采用学生跟读录音的方法进行授课，这种授课流程往往是，教师在讲台上为学生播放录音，出示 PPT，让学生一边跟读录音，一边熟悉 PPT 上的单词、明白字母组合的读音；学生再在课本上将字母组合的音标进行标记并总结字母组合的读音或者音标。这一流程走下来就代表语音知识掌握得很牢固了。实则不然，如果没有适当的拓展训练或者与情境进行联系，只是单独地将语音知识呈现给学生，大部分学生很快就会忘掉在课堂上学到的知识，枯燥无味的学习方式大大降低了学生的学习兴趣，倡导采取灵活的教学方法进行教学也就成了空洞的口号。

如何采取多样化的教学方法进行语音教学？语音教学的拓展训练应该如何开展？语音教学只是单纯讲授音标吗？这些都是当前语音教

学中亟待解决的问题。

语音教学是英语教学的基础,其教学效果的好坏会对学生的外语学习产生直接影响。语音的学习是英语学习的基石,学习语言就是为了能够与他人进行交流,因此,“说”应排在语言学习的第一位。在过往的英语教学中,教师对语音教学不够重视,尤其是农村学校,教师在课堂上对于英语语音的教学往往一带而过。对于英语单词的发音,教师一般直接领读,让学生死记硬背地记住单词的读音,甚至还会直接要求学生使用汉字来进行标注,比如,“family”用汉字标注成“分麻累”,以方便学生记住单词的读音。这在很大程度上影响了学生的标准发音。除此之外,中国学生大多连大声说英语的勇气都没有,更谈不上与别人进行口语交流了。造成“哑巴英语”的原因,归根结底是没有在初中这个人生中模仿力极强的时期接受正确、系统的语音训练。英语学习一般分为语音学习、词汇学习和语法学习这三个重要板块。其中,英语的语音学习是英语语言入门的关键,尤其是对初中阶段的学生来说更为重要。初中阶段是学生学习英语的提升阶段,这一阶段的英语语音学习直接影响着学生后续的英语学习。在应试教育的体制之下,我国的初中英语教学一直偏重读和写,但随着《义务教育英语课程标准(2022 年版)》对语音教学的重视以及新版英语教材逐渐增加语音相关知识,语音教学在初中英语教学中显得愈加重要,教师也开始注重培养学生的英语发音以及英语口语交流。

（二）语音对听力和单词记忆的意义

首先,语音对听力有直接影响。说和听是一体的。高考虽然不对语音进行直接考查,但听力考试的成绩会计入高考总分。而学生的语音水平是听力考试的重要影响因素之一。在听力练习中,学生经常会出现看得懂文本而听不懂音频的情况。通过学生朗读文本的情况可以发现,学生之所以听不懂,很多时候是因为他们把单词或句子读错了。学生读的音和音频材料里的音不一样，自然听不出来。在平常的听写练习中，也时常有学生说自己背了单词，但听写时就是写不出来。笔者一直相信，如果学生自己平常说英语或者读英语的时候完全不知道、不注意连读、弱读、失去爆破等规则，那么在听力测试当中，就很难区分出这些语音现象。比如，笔者曾经教过的学生，最开始的时候把弱读的 can't 当作肯定形式的 can 来对待，提醒过很多次之后才搞明白，但直到现在，这名学生还是会把连读的意群当作新单词来处理。

其次，语音对单词的记忆有直接影响。很多单词如果根据发音来划分音节，就很难写错。但由于学生不明白这个道理，或者语音知识有限，只去死记硬背字母组合，而不管音节，所以经常出现把"pre"写成"per"、把"str"写成"srt"的情况。

因此，笔者认为在现行的高考、课改大背景下，语音教学的意义在于：① 帮助学生记忆单词；② 帮助学生更好地应对听力考试；③ 帮助学生获得适当的表达能力；④ 为教师用英语进行课堂教学打好基础。

（三）语音和语音教学的重要性

语言是人们日常交流的重要工具，语言的三要素是语音、语法、词汇。语音是语言存在和发展的基础，也是语言的外部表现形式，是英语学习的基础知识和基础技能。语音直接或者间接地影响和限制着英语听、说、读、写等其他技能的发展。并且，英语的语法和词汇也是通过语音反映和体现出来的。有学者认为，当我们在学一门新的语言的时候，我们只需要掌握 50%～90% 的语法，熟练运用 1% 的词汇，但是，我们却需要完全掌握 100% 的语音知识。人类语言活动的基础是口语交流，而语音就是口语活动的载体，所以我们说，语音就是语言教学中最基础、最重要的环节之一。

1. 语音教学能够帮助学生获得良好的口语交际能力

听话和说话是口语交际的重要组成部分。《义务教育英语课程标准(2022年版)》提出“综合语言运用能力”这一概念。口语交际不仅是一种教学策略和方式,也是综合语言运用能力在实际生活中的应用。口语交际的过程是“音”“义”结合的,是把一系列带有声音和含义的沟通符号重新组合、建构,然后进行口头反馈的过程。如果没有良好的语音作为基础,就不能做到听音和辨音,也不能很好地进行“音”与“义”的转换。听不懂别人说话的内容,也就不能很好地完成交际任务。并且,如果发音不准,尤其是语调和重音错误,经常会导致说话者不能被听懂,也就不能进行高效的语音交流。久而久之,这种由于不能被听懂所带来的挫败感,就会大大降低人想要表达的欲望,甚至会造成学习者自信心的丧失和表达的焦虑。所以,语音教学对于学生口语交际的能力的培养发挥着重要作用。

2. 语音教学能够帮助学生夯实语法基础

如果说语音教学对于听说的能力是显而易见的话,那么它对于语法基础的夯实是见之于细节的,是润物细无声的。如,在比较级和最高级的语法教学中,涉及单音节单词和多音节单词变形方法不一,需要学生对音节概念有较好的掌握。再如,英语语法的时态部分,将动词变形时需要区分重读音节和开闭音节,由此来判定是否需要双写辅音字母。在英语语法里,处处都能找到语音的身影。

3. 语音教学能够帮助学生提高阅读能力

文字作为一种书面符号起到记录有声语言的作用,掌握了这些符号的发音,并把这些符号的“音”“形”“义”联系起来,才能调动多重感官,做到“眼”“耳”“口”“脑”并用,从而准确、快速、连贯、正确地朗读。这些对于理解、记忆文本信息起着非常重要的作用。即使是默读,良好的语感也会影响阅读理解的速度和效率。所以,无论是有声的朗读,还是无声的默读,都需要阅读者牢固掌握语音知识。

二、《义务教育英语课程标准(2022 年版)》对英语语音教学的要求

(一)关于语音的分级标准

学生在义务教育阶段应该学习和掌握的英语语言基础知识包括语音、词汇、语法,以及用于表达常见话题和功能的语言形式等。语言知识是语言运用能力的重要组成部分,是发展语言技能的重要基础。表 2-1是对语言知识中语音部分的分级标准,义务教育阶段要求学生的语音级别在小学毕业时达到二级、初中毕业时达到五级。

表 2-1　语音分级标准

级别	标准描述
二级	(1)正确读出 26 个英文字母 (2)了解简单的拼读规律 (3)了解单词有重音,句子有重读 (4)了解英语语音包括连读、节奏、停顿、语调等语音现象
五级	(1)了解语音在语言学习中的意义 (2)在日常生活会话中做到语音、语调基本正确、自然、流畅 (3)根据重音和语调的变化,理解和表达不同的意图和态度 (4)根据读音规则和音标拼读单词

语音教学是语言教学的重要内容之一。自然规范的语音、语调将为有效的口语交际打下良好的基础。语音教学应注重语义与语境。语调与语流相结合,单纯地追求单音的准确性并不可取。语音的基本读

音、语调、重读等应贯穿于整个语音教学过程。

1. 基本读音

首先体现在 26 个字母的读音上。学习 26 个字母的读音就像学习汉语前先学习拼音一样,可以为日后学习更复杂的语音知识打好基础。其次是元音和辅音的学习。教师在进行语音教学时,要教给学生元音字母在单词中的基本读音,以及常见的元音字母组合和辅音字母组合在单词中的读音。英语单词的构成是存在一定规律的,许多字母组合都有固定的读音,如元音字母组合 ea、oa 等,辅音字母组合 th、sh、ch 等。学生若是掌握了一定数量的字母组合的读音,将会大大提高拼读单词和记忆单词的准确率。

2. 重读和语调

正确的重读和语调对于掌握流利的发音至关重要。如果将英语比作一首歌,英语单词就是歌词,但在歌中只有歌词是不够的,它需要曲调来进行润色、增光添彩,重读和语调在英语中就担任了润色的作用。学生在进行口语交际时应当重视重读在单词和句子中的作用,能够根据内容清晰准确地表达出来。同时,要注意语调是否正确,读陈述句时不采用上扬的语调,读疑问句时能够让听者听出质疑、怀疑、疑惑的意思。

(二)初中英语语音教学的内容

《义务教育英语课程标准(2022 年版)》要求,初中阶段的学生在毕业时的语音技能应当达到五级水平,要求了解语音在语言学习中的意义,在日常生活会话中做到语音、语调基本正确、自然、流畅等。结合这些具体目标,初中英语语音教学的内容应包括以下几个方面。

1. 重读

重读指的是发出音节的力度。在音标当中,通常会在相关重读音节之前有一个垂直凸起的小符号“ˈ”。重读音节和非重读音节有着根本的区别，前者比后者的发音力度更加突出。在单词方面，重读适用于至少两个音节的单词。而在句子层面上，一个单音节词也是可以重读的，但是这是相对于句子中其他单词而言的。英语中的重读在具有不同语法功能的单词上的位置是不同的。例如，“insult”当动词来讲，重音落在“s”上，即/ɪnˈsʌlt/，意思是“侮辱，辱骂”；当名词来讲，重音则落在“i”上，即/ˈɪnsʌlt/，意思是“无礼，凌辱”。一些单词后缀的变化也有可能改变重读的位置。例如 chaos/ˈkeɪɒs/和 chaotic/keɪˈɒtɪk/。对于一些多音节词来说，会有两个重读音节。力度更强的那个重读音节为第一重读音节，音节之前的符号为“ˈ”；力度相对来说较弱的那个重读音节为第二重读音节，音节之前的符号为“ˌ”。句子中也有重读，一般来说实词（名词、动词、形容词等）需要进行重读，来表示强调或者惊讶，句子中的重读可以落在任何一个单词或者音节上，以表达说话者当时的情绪状态。比如：“The vegetable is delicious and healthful.”中“vegetable”是名词，“delicious”和“healthful”是形容词，它们都要重读。单词的重音和句子的重读使英语交际显得更为灵活生动，更有节奏感。

2. 语调

语调对英语的学习也有很大的帮助。不同的语调代表不同的意思，在询问是或否的问题以及表示礼貌或者惊讶的情绪时通常会使用上扬的语调，而下沉的语调则有可能与粗鲁或者唐突相关。例如：

A：Would you please turn off the light?

B：Sorry. ↘

C：Sorry? ↗

从上述例子可知，第一个“Sorry.”采用的是下降的语调，其想要表达的意思可能是“不，我并不想去关灯”，而第二个上扬语调的“Sorry?”则表示“抱歉，我刚没听到你说什么”。同样是“sorry”，两种语调却表达了两种不同的意思。在英语学习中，学习者需要明白，想要清楚地表达自己的意思，首要之举就是学会使用语调。许多人学习英语时都会有一个误区，他们认为只要学会音标就会说英语了，往往忽略了重读和语调的学习。总的来说，重音和语调应当是语音教学的基本内容，在对音段音位的学习之外，也要注重对超音段音位的感悟训练。某些情况之下，语音语调比发音更为重要。

有研究表明，当非英语母语者与英语母语者进行交谈时，英语母语者往往会因为外国人将重读音节读错了而不是将单词发错音，导致无法理解谈话内容。因此，无论是初中英语课堂教学，还是课外英语教育，都要注重语音教学的综合性和系统性。标准的发音能帮助学生进行更流畅的英语交际，扎实的语音知识能帮助学生轻松地掌握对单词的认知和拼读。

3. 基于教材的口语交际

口语交际教学是初中英语语音教学的重要途径，在口语交际教学中要注重规范学生的语音，使学生能够逐渐说一口流利的英语、清晰的英语、纯正的英语。

口语交际教学首先要基于教材。教材有广义和狭义之分。广义的教材是指课堂上和课堂外的所有教学材料；狭义的教材是指教科书。本书中所说的教材是狭义的教材。教材中蕴含了大量的口语交际内容，为英语口语交际教学提供了丰富的素材，因此，教师要充分挖掘并利用教材中蕴含的口语交际内容进行口语交际教学。但是，由于目前我国国内使用的英语口语教材多是编者按照教学目的加工撰写的，对于现实世界的真实语言反映不够，如果教师仅仅以教材上的口语交际内容进行英语口语交际教学，是无法满足培养和提高学生的口语交际能力的要求的。因此，教师要善于结合教学实际的需要，灵活地和有创造性地使用教材，对教材的内容、编排顺序和教学方法等方面进行适当的取舍或调整。

其次，教师要适当调整口语交际教学的内容和活动步骤。口语交际教学内容的难易程度在一定程度上影响了学生口语交际能力的发展，也影响了口语交际教学的实际展开。难度过高的口语教学内容和教学活动，学生往往不易理解，操作起来比较困难，会使学生失去交际兴趣。例如让七年级的学生在课上围绕中美政治制度差异这一话题展开讨论，无论是从话题上，还是从口语活动的开展方式上看，对于刚步入初中的学生来说，难度都是比较大的。而难度过低的口语教学内容往往不能激起学生的学习兴趣。例如操练对话对九年级的学生来说，往往过于简单且枯燥，无法激起学生的口语交际意愿。因此在实际口语交际教学中，教师要根据学生的实际需要和已有的口语水平合理调整口语教学内容的难易程度。对于那些难度过高的口语交际活动，教师可以通过扩展活动，增加几个准备性或提示性的步骤，从而降低活动难度；对于那些过于简单的口语交际活动，教师可以在原有口语交际内容的基础上进行扩展和延伸。

最后，教师要对教材中的口语交际内容进行适当补充。教材中的内容通常不能完全满足学生的学习需要和教师的教学需要，因此，除了对教材中的口语交际内容进行扩展、调整外，教师还需要根据实际情况对教材中的交际内容进行补充。这样做，一方面，有利于弥补教材内容的不全面和教材体系结构的不完整；另一方面，有利于使教学内容更加贴近、符合学生的需要，从而激发学生学习英语的兴趣。当教材内容出现以下三种情况时，教师可以酌情对教材中的口语交际内容进行补充。第一，教材内容与学生生活产生联系时。教材中的口语交际内容有些十分贴近生活、充满趣味性，有些却离学生的生活很远。学生往往会对他们身边发生的事情产生强烈的交际意愿，因此，当教材中的口语交际内容贴近学生生活实际时，教师可以适时对教材中的口语交际内容进行补充，以进一步培养学生的口语交际能力，激发学生学习英语的兴趣。第二，教材内容不能满足特定群体学生的需要时。由于学生所处环境、学习能力、掌握知识的情况各有不同，同样的口语交际内容对于一些群体的学生来说相对容易，而对于另一些群体的学生来说却会感到困难。在这种情况下,教师可以针对学有余力的学生对教材中的口语交际内容进行补充,以进一步提高他们的英语口语交际水平。第三,教材内容不充分或不完整时。由于篇幅有限,教材往往只能呈现部分知识,无法满足教学需要,因此,对于某些重要知识、技能或策略,教师可以进行补充。纵观牛津译林版初中英语教材可以发现,口语交际内容主要是关于语言知识的学习,关于口语交际策略的训练微乎其微,因此教师在进行英语口语交际教学时,可以适当补充有关口语交际策略的教学内容,以有效训练学生对口语交际策略的运用。

第二节　语音教学特点

一、语音教学具有基础性

语音是语言的表现形式,语言的第一属性就是语音。学生接触系统的语音学习大多是从小学阶段开始的。初中英语教学的主要任务是进一步巩固学生的语音基础,实现学生的语音能力发展。将基础打牢,掌握基本的语音知识,对英语学习会产生积极的推动作用。这种基础性的特点也体现在教材编排中,初中英语语音多以简单的字母和字母组合、基础单词和常用的简单对话为主,其目的就是给日后学习更为复杂的语音知识打下坚实的基础。

二、语音教学重视培养初中生的学习兴趣

语音教学的内容应当充分地贴近初中生的生活,以利于激起学生

的学习兴趣。初中生的自律能力相对较弱,想让学生立刻明白语音学习的重要性是比较困难的,大多数学生都是凭借兴趣爱好去了解新事物,所以兴趣对于初中学生的学习尤为重要。在初中英语教材和课堂教学中,会编排许多与学生周围的生活相联系的内容,这在很大程度上能够激发他们的学习兴趣。语音知识相对来说比较枯燥,多以单调的符号为主,比如学习字母组合“or”的发音时,学生如果只是机械地进行跟读操练的话,很快就会产生倦怠感,更谈不上产生学习欲望了,这将不利于日后的英语学习。因此,在初中英语语音教学中,应当重视学生学习兴趣的养成,采用灵活多变的教学形式,除了充分运用现有的教学资源,还要想方设法将语音知识与其他有趣的教学材料和新颖的教学方法进行融通,让学生通过参与教学活动获得语音学习的成就感和自信心,以此来激发学习兴趣、提高学习效率。

三、语音教学与听说读写有机结合

语音教学并不是孤立存在的,尤其是在初中阶段,语音教学更要与阅读、听力、口语等互相结合,让学生将学到的语音知识运用到实践中,得到内化,而不是简单地教给学生字母或字母组合的读音。当学生的语音出现问题时,不能仅仅归因于学生的语音没有学好,而是应该考虑到学生学习语音是否与听力、阅读等方面进行了相互融通。语音是听力的前提和基础,如果学生的语音知识没有掌握好,则会对听力产生影响,无法对听力材料做出准确判断。而良好的听力能力也是语音教学所要实现的目标之一,只有保证足够的听力输入量,才能够使语音输出的正确程度和流利程度得到保障。如果学生没有掌握正确的语音语调,在与他人进行口语交际时则会因为错误的表达而产生误会,给沟通带来麻烦。因此,语音教学与英语的听说读写是相辅相成、互相联系的。

四、语音教学与实际应用相联系

学好语音的目的之一就是能够进行日常交际。《语言要略》一书中写道，语言就是声音，要学习一种语言必须要学会发音，因为语言组织中的语音是必不可少的。[①]

《义务教育英语课程标准（2022 年版）》要求，初中英语应当与实际生活相结合，让初中英语的教学过程更加生活化、实际化。初中学生的年龄特点也决定了语音的学习不能只靠空记理论，而应当在学习相关的语音理论知识之后，将其应用到语言表达当中去，在实际情境中学以致用，防止“哑巴英语”现象的产生。通过实际运用，学生将抽象难懂的语音现象转化成自己的观念并表现出来，可以加深对语音知识的理解。教师采用的语音材料要真实、实用，在语音教学的过程中也要给予学生正确的示范朗读和应用语音的机会。在没有真实语境的情况下，应尽可能地为学生创设语境，让学生在实践中将语音知识充分应用，这样才能保证学生语音输出的质量。

五、英语语音的学习目标

（一）“清晰易懂”是最基本的目标

除了英语播音员、配音员、口音教练、口译员、英语教师等专业人士需要把语音说得尽可能接近英语母语者之外，大多数英语学习者的语音学习目标应该是“清晰易懂”，即发出能够让别人很舒服地、不费力地听懂的语音，而非必须说得和英语母语者一模一样。

① （美）BOLINGER D. 语言要略[M]. 方立，李俗城，译. 北京：外语教学与研究出版社，1999：285.

“清晰易懂”的必备要素是“语音清晰度”和“可理解性”。语音清晰度主要取决于发音器官的灵活度和协调性、音段音位(音素)的准确度和区分度;可理解性则主要取决于超音段音位特征(如重读、弱读、节奏和语调等)。

必须明确的是,虽然“清晰易懂”是最接地气的学习目标,但要想达成这个目标,扎实努力的付出是必不可少的。例如,要想口齿清晰,需要勤练口部操,让唇齿舌为你所用。而对于音素的学习,就不单单是要掌握标准发音,还要学习变体发音及音长等。

(二)不同年龄段学习者的语音学习目标

学前(尤其是5岁前):因为发音器官尚未发育成熟,不要强求音准,要以儿歌、韵文为主要学习素材,熟悉英语特有的“重音计时”节奏模式。

小学:操练发音器官,强化出声朗读时的音准、语速、节奏和语调,在有趣、有序、大量的听读和朗读训练中,练出接近于母语者的辨音和发音能力(语音意识)。

初中及以上:在理解语境的基础上,带着感情,出声朗读,以声塑形,达成有效的信息沟通。

第三节 语音教学价值

语音作为语言存在的基础,不仅是语言的本质,也是语言教学的基础。没有语音的语言是不存在的。《义务教育英语课程标准(2022年版)》指出,基础教育阶段的英语课程应当以培养学生英语综合语言运用能力为最终目标。学生应当学习和掌握的英语语言基础知识包括语音、词汇、语法等几方面的内容。语音教学是英语教学的基础，其教学效果的好坏会对学生的英语学习产生直接影响。因此，语音教学作为初中英语课程中的重要构成因素之一，在英语课程中的价值不言而喻。

一、语音是语言学习的基础

儿童具有成人所不具备的语言天赋，比成人更容易建立新的语音类型。研究表明，儿童语言学习的最佳时期是8～11岁，年龄小的语言学习者，其英语发音更接近本族语。因此，较早地学习语音，学习效果较好。

学习语音好比是为语言这座高楼打地基，只有不断地加固地基，高楼才会屹立不倒。外语学习是一个长期积累的过程，在前期学习中不断地从语音知识中汲取营养，并在日后的学习中能够加以实践，是成功习得第二语言的必要条件。初中阶段处于语言学习的关键期，也是起步阶段，它是日后进入高中乃至大学学习更为复杂的语言知识的基础。如果初中学生能够接受专业系统的语音训练，这将会对他们日后的外语学习大有裨益。虽然儿童对语音的感知辨析能力较强，但这个阶段的儿童学习语音更加侧重于模仿，而不是以了解发音方式为主要途径。所以，教师除了给学生足够的口语练习时间之外，也要保证学生输入足够的听力信息。因此，初中阶段的语音教学要以激发初中学生学习语音的兴趣、提升他们语音学习的动力为目的，从而有利于他们更深入地进行英语学习。

二、初中语音教学对提高听、说、读、写技能发挥的作用

语音是语言学习的一部分，是提高听、说、读、写技能的关键。在

实际的语言交流当中，听、说、读、写这四个板块往往表现为一种综合的语言能力。打电话、读菜单、听讲座、与英语母语者探讨问题等，在这些情景中，不仅要用耳朵听、用眼睛看、用嘴巴说，还要用笔记，语音是完成这一系列活动的基础。英语语音具有区别词义、传达语意的功能。只有发音正确，句子节奏、重读准确，才能让对方听懂。中国学生从小学开始接触英语，虽然有了多年学习英语的经验，但大部分学生还是难以开口，不敢说，也不会说。这与他们在初级学习阶段所接受的非正规、非系统的语音知识有着直接的关系。语音标准，单词的读音就会准确，记忆单词的效率就会提高，而词汇量增多，学生阅读和写作能力也得到了基本保证。由此可见，开展语音教学在初中阶段是很有必要的。

三、初中语音教学对提高单词拼写能力发挥的作用

在初中阶段的英语学习中，四会（会听、会说、会读、会写）单词是学生必须要掌握的词汇。但许多学生在拼写单词时往往是靠死记硬背，忽略了其中所存在的拼读规律，这种机械操练所带来的后果必然是学生的学习热情逐渐消退，且辛辛苦苦背诵的单词很快就会遗忘。长期这样做，也会影响学生其他英语技能的发展。汉语是表意文字，英语是表音文字，英语单词的拼写存在很多不规则的地方，这对中国学生来说，是具有很大难度的。在英语单词拼写中，语音与字母的对应关系是很复杂的。为了说明这种复杂关系，有学者以双元音/eɪ/和字母 a 为例，列举了至少 12 种字母或字母组合发音，分别为/eɪ/：l<u>a</u>ke，<u>ai</u>d，foy<u>er</u>，g<u>au</u>ge，st<u>ay</u>，caf<u>e</u>，st<u>ea</u>k，w<u>eigh</u>，ball<u>e</u>t，m<u>a</u>tinee，sund<u>ae</u>，th<u>ey</u>。而字母 a 也有多种发音，如 age/eɪdʒ/，arm/ɑː m/，beat/biː t/，ball/bɔː l/，many/menɪ/等。学者们认为，在英语拼写中也是有规律可循的。例如“不发音 e 规则”，即开音节中的元音字母发字母本来的音，如 fine/faɪn/；而闭音节中

的元音字母则发短元音，如 fin/fɪn/。因此，开展初中英语语音教学，能够让学生了解语音知识与字母相对应的关系和规律，增强学生对语言的敏感性，从词形和语音相对应的规律中去掌握每一个新词。

四、学习英语语音对个人的重要价值

说起学英语，大多数英语学习者会认为"背单词"是第一要务。至于学语音，虽知必不可少，但优先级不会比掌握词汇高。语音学习究竟值不值得投入较多的精力？语音学习对我们个人有哪些重要价值？本书从三个方面进行探讨。

（一）英语语音对学习动机的影响

开口说英语前，我们通常都会有如下顾虑："我方言口音重，说英语听起来也怪怪的。"（自评语音形象负面）"英语发音从来不是我的强项。"（自评语音水平较低）"发音不好会不会被笑话？"（畏惧负面评价）"我学过音标，但学了也没什么用，还是说不好英语，不练也罢。"（语音学习观念有误）如果有其中的一种或几种顾虑，就得当心了，因为这表明学习者已经有了"语音焦虑"。语音焦虑直接影响英语学习动机和交际意愿。因为焦虑，学习者可能不情愿或很勉强地参与课堂上的口语练习，这也将直接导致新的语言知识无法通过运用来内化。而这种沉默或不愿交流的状态又加剧了焦虑感，导致交际意愿进一步降低，最终陷入"不敢说—不能说—不会说—更不敢说"的恶性循环。反之，如果开口说英语前，我们能够感到："我的发音没问题，足够清晰易懂。"（自评语音形象积极）"发音一直是我的强项。"（自评语音水平较高）"大家都夸我发音好。"（正面评价激励）"语音学习不仅仅是读准单个的音，还有语流中的发音，我一直勤练不辍。"（语音学习观念正确）这说明学习者对自我发音的态度积极，能得到他人的赞扬，口语交际意愿强烈，更容易将英语学习活动坚持做下去，不断精进。

在英语学习的初级阶段，由于学习体验有限，学习者倾向于将发音与外语学习能力等同起来。恰如人们初次相见时留给对方的第一印象的影响力，往往会胜过简历上的文字描述，语音面貌的影响力也会超越笔试英语成绩。语音面貌与学习动机的强弱直接挂钩，对学习者的自我评价、学习信心有较明显的影响。不仅如此，在英语应试、社会交际中，学好英语语音都是刚需。

（二）英语语音对应试的影响

在英语考试中，抛开应试技巧不谈，考生的语音技能不过关，将会导致多方面问题的出现。

1. 语音不过关导致“听不清”

试着朗读下列例句。

(1) 语音技能：分辨单音/r/和/l/。

① Look at the crowds over there. 看那边的人群。

② Look at the clouds over there. 看那边的云彩。

(2) 语音技能：连读。

① an ice box 冰柜。

② a nice box 漂亮的盒子。

(3) 语音技能：词重读。

① White House 白宫。

② white house 白色的房子。

如果学习者没有掌握相应的语音技能，将导致自身在朗读这些句子时无法区分，且在听到相应语句时会误听、误解（即便已经掌握了这些内容的拼写和词义），继而影响听力测试成绩。

2. 语音不过关导致“读不快”

英语阅读题读得很吃力怎么办？加大做题量？勤能补拙？答案恐

怕没那么简单。诚然，多做题确实可以在一定程度上提升应试技巧、拓展语言知识（词汇、语法、语篇知识），但阅读测试不仅仅考查这两项，还会考查解码能力（文本概念、语音意识）、阅读理解（信息提取、策略运用、多元思维）和文化意识（文化感知、理解、比较、鉴别）等。

在这些考查项中，与阅读流畅度直接相关的是解码能力中的语音意识。语音意识是指对语流中影响语义的语音单位进行辨识、分析和操作的能力，是一种元语言能力。这种能力具体表现为可以将词汇切分成音节，将音节分解为首音（犹如汉语中的声母）和韵脚（犹如汉语中的韵母），并进一步切分成音素（又称“单音”）；同时，还可以对这些音素进行混合、删除、添加、替换（对音素的辨识和把控能力又称音素意识）。

具备较强的语音意识的学习者，能够依据单词的发音来推断书面字形，也就是把音素转换成对应的字母或字母组合，而非死记硬背词汇中字母的序列，进而提升记忆词汇的效率和完整性。在做阅读题时，语音意识可以大大加快学生将字母或字母组合转化为语音的速度，使学生借助长期记忆中的语音库来协助理解词义，提升解码效率。

因此，没有接受过系统的语音学习的学习者，无法辨识和把控音素、音节，不具备语音意识，解码效率低下，即便增加数倍的做题量，也难以提升阅读的流畅度。

3. 语音不好导致心理焦虑

时至今日，许多学校和个体仍然采用“三列式”（拼写、词性、词义）的词汇表来记忆单词，对词汇发音的关注仍然趋近于零。这样做的后果就是进一步放大语音焦虑，增大学习者陷入“不敢说—不能说—不会说—更不敢说”的恶性循环的可能性。

4. 语音不过关导致“写不准”

虽然英语中存在大量“音形不对应”的现象，但是学习者在经过系统的语音学习后，语音意识可以得到增强，对英语拼读规则的掌控能力可以提高，基本上可以做到见词能读、听音能写。

例如 watermelon 一词，根据发音/ˈwɔːtəˌmelən/，可以将其切分成“/wɔː/”“/tə/”“/me/”“/lən/”这四个音节，分别对应“wa”“ter”“me”“lon”四个字母组合，这将有助于提高记忆词汇拼写的效率。如果语音意识欠缺，仅凭死记硬背词汇中字母的序列，掌握拼写的难度是可想而知的。

5. 语音不过关导致“意不明”

试着朗读下列两组对话，注意答句的语调。

(1) 语境：对话双方的关系较为疏远。

—Can I borrow some money?

—No.

(2) 语境：对话双方的关系较为亲密。

—Are you doing anything tonight?

—No.

这两组对话的答句都是“No”，但根据语境描述来分析表意需求后可以发现，前者应读成降调，表示明确拒绝；而后者则应读成升调，表示有所期待（例如期待对方邀请共进晚餐）。

如果对于降调、升调这两种基本语调的表意功能不熟悉，滥用语调，则会使交谈对象会错意，导致交际出现误会。

此外，不论是托福、雅思、培生等国际化语言测评体系，还是我国的中考、高考及高校和全国性的各类英语测评，对于听说能力的测评都采用了人机对话的方式。计算机对考生的口语答题进行评分时，主要依据如下四个方面：

(1) 完整性。朗读题，考生能否顺利地朗读完给定的句子或短文；情景反应题，考生能否完整地回答交际性问题；口头表达题，考生能否清楚完整地按题目要求和要点连续说话。

(2) 准确性。单词级评估，单词发音的元音、辅音、重读的准确性等。

（3）流利性。句子级评估，主要包括语速、语流、停顿、插入、连贯、失去爆破等。

（4）韵律性。句子、段落级评估，主要包括意群停顿、重读、弱读、语气、语调等。

这四个方面的评分标准分别从发音、节奏、语调等角度对英语语音的实操能力提出了较高的要求。为此，系统性的语音学习已经成为英语应试的刚需。

（三）英语语音对社会交际的影响

获得奥斯卡金像奖最佳影片奖的电影《窈窕淑女》（*My Fair Lady*），主要讲述了英国中产阶级语音学教授对伦敦下层阶级的卖花女 Eliza 进行改造，并最终成功将其改造成优雅贵妇的故事。影片将对 Eliza 语音的改造作为重中之重来展示。例如，Eliza 将 rain/reɪn/读作/raɪn/，将 how/haʊ/读作/aʊ/，这促使语言学教授编写了"The rain in Spain stays mainly in the plain."和"How kind of you to let me come?"这样极具针对性的练习来帮助 Eliza 正音。值得关注的是，Eliza 作为伦敦街头的卖花女，其发音面貌代表了她所处的下层社会阶级。在经过针对性训练后，Eliza 虽然在行为举止上仍然漏洞百出，但凭借高雅的发音得到了上流社会的接纳——而"接纳"（received）恰恰是英式英语标准发音 RP（Received Pronunciation）中"R"的含义。

时至今日，随着全球化发展的不断深入，尤其是影视剧、流行乐的传播，社交媒体的沟通互联，以及跨国工作人群的不断壮大，以某一种特定的发音模式作为社会阶层象征的偏见正在不断淡化，但这绝不代表英语学习者投入在语音学习上的精力就应该减少。恰恰相反，要想在全球化浪潮中站稳脚跟，新生代的英语学习者应更加重视语音的学习，原因主要有以下三个方面。

第一，在发音、节奏和语调等方面都能够做到清晰易懂，彰显了学习者受过良好的教育,素质高,有修养。

第二,在缺乏英语环境的大背景下,仅凭观看影视剧、听流行乐和与外籍人士有限的沟通,极易将发音练得南腔北调,唯有掌握正确的语音学习观念,接受系统的语音训练方能做到发音标准。

第三,只有接受正确且系统的语音训练,才能提升对语音的敏感度和鉴别能力,要有意识地去主动识别接触到的语言材料是否是规范的、值得模仿的。在此基础上进行语言输入的积累,事半功倍,有助于将生动鲜活的语言材料以正确的形式储存到大脑,并能适时调取,满足抒情表态的需要。

第三章　初中英语语音教学现状和教学策略

第一节　教学现状调查结果统计分析

一、研究目的

笔者通过调查本校初中学生语音现状，旨在找到语音教学中的问题进而指导实践。在本节中，笔者将对研究问题、研究工具和调查过程进行详细的阐述，并对收集的数据进行分析。

二、研究问题

(1) 初中生英语语音现状和语音学习现状是怎样的?

(2) 这些状况产生的原因是什么?

三、研究工具

(一) 调查问卷

为全面了解七年级学生入学时的英语语音学习情况,笔者对本校七年级学生发放调查问卷(见附录一)。本调查问卷共设置 14 道题,从语音基础、语音评价、对语音的看法以及语音学习的问题和困惑等方面进行设计,问题分布见表 3-1。

表 3-1 七年级学生调查问卷问题分布

语音基础	语音评价	对语音的看法	问题和困惑
第 1～2 题	第 3～4 题	第 5～9 题	第 10～14 题

为了进一步了解学生经过三年的英语语音学习后,对于英语语音教学的认识、看法、意见和建议,笔者对九年级学生进行了问卷调查(见附录二)。笔者希望通过问卷调查,对该校现有的语音教学进行深入了解,找到值得推广和借鉴的经验,并找出在语音教学中的不足。本调查问卷共设置 15 道题,从使用音标的频率上、语音教学内容和教学方法、语音练习时间、语音学习环境对语音学习的影响、语音练习和纠错手段,以及语音评价和考核方式等六个方面进行设计,问题分布见表 3-2。

表 3-2 九年级学生调查问卷问题分布

使用音标的频率	语音教学内容和教学方法	语音练习时间	语音学习环境对语音学习的影响	语音练习和纠错手段	语音评价和考核方式
第 1～3 题	第 4～7 题	第 8～9 题	第 10～12 题	第 13 题	第 14～15 题

（二）教师访谈

为了解教师对于初中英语语音教学的看法、目标设定、内容的安排、重点难点的把握、课时设置、教学方法和评价模式等，笔者对20余名英语教师进行了一对一的访谈，他们都是从事初中英语教学工作的一线教师。访谈内容包括以下几个方面：

(1) 受访教师的基本情况；

(2) 对语音教学目标的设定情况；

(3) 对语音教学内容的了解情况；

(4) 对语音教学重点和难点的了解情况；

(5) 对语音教学课时的设置情况；

(6) 对语音教学方法的了解情况；

(7) 对语音考核方法的使用情况。

（三）语音测试

为全面测试学生的语音水平，找出学生的语音学习难点，并进行分析和追踪，根据《义务教育英语课程标准（2022年版）》中语音知识目标的五级规定，笔者设计了语音测试。语音测试的题目比较全面地覆盖了《义务教育英语课程标准（2022年版）》对于语音教学的要求。通过语音测试，可以比较全面地了解学生的语音面貌，帮助学生找出语音方面的问题，并以此为依据制订有针对性的语音教学计划和练习计划。语音测试主要从基本读音、重读、语调与节奏、意群的读音等几个方面设计，满分为100分，其中包括读音素（20分）、读单词（20分）、读短语（20分）、读句子（20分）、读对话（10分）、读段落（10分）。语音测试内容及测试形式见表3-3。

表 3-3　语音测试内容及测试形式

测试内容		测试形式
音节	(1) 音节的定义； (2) 重读音节、弱读音节； (3) 单音节、双音节和多音节； (4) 开音节和闭音节	读音素、读单词
基本读音	(1) 26 个字母和 44 个音素的读音； (2) 元音字母在不同开音节、闭音节和弱读音节中的基本读音； (3) 常见的元音字母组合在重读音节中的读音； (4) 辅音字母在单词中的基本读音； (5) 常见的辅音字母组合在单词中的基本读音； (6) 辅音连缀的读音； (7) 成音节的读音	读音素、读单词
重读	(1) 单词的重读； (2) 句子的重读	读单词、读句子
语调与节奏	(1) 语调； (2) 节奏	读句子、读对话、读段落
意群的读音	(1) 连读和失去爆破； (2) 弱读和同化	读短语、读单词、读句子、读对话

四、调查过程

笔者首先在知网、万方等相关网站上查阅大量有关英语语音教学策略、教学理论、教学内容和教学现状的相关文献和资料，了解目前相关研究的现状，为本书的研究打下坚实的理论基础。在此基础上，笔者参考了其他相关研究的量表，编制语音测试卷、调查问卷和访谈提纲。接着，笔者通过调查问卷、语音测试等方式，对相关数据进行收集、统计与分析。然后，笔者对学校初中部全体英语教师进行一对一的访谈，了解一线教师的语音教学现状。最后，笔者通过总结，得出初中英语语音教学的启示。

五、数据的收集与分析

（一）问卷调查

七年级学生调查问卷的发放工作于 2021 年 9 月展开。在问卷发放前，笔者与抽样班级的学生进行充分沟通，使学生明确调查的目的和调查问卷的完成方法，并告知学生此次问卷采取匿名方式，务必根据实际情况填写。调查问卷利用中午自习时间进行，限时 10 分钟，学生当场完成调查问卷并交给笔者。笔者共发放问卷 117 张，收回 114 张，问卷回收率为97.44％，其中有效问卷为 112 份，有效率为 95.73％。经过调查问卷的发放、收集和筛查，笔者将相关情况输入计算机，并对数据进行统计和分析。

九年级学生调查问卷的发放工作于 2021 年 11 月展开。在问卷发放前，笔者与抽样班级的英语任课教师进行充分沟通，使他们明确调查的目的和调查问卷的完成方法，并请他们告知学生此次问卷采取匿名的方式，请学生务必根据自己的实际情况填写。调查问卷在寒假期间进行。调查前，笔者将问卷内容导入“问卷星”App，并请任课教师将链接转发给参与调查的学生，学生完成后系统会自动收集选项信息回传至笔者 App 终端。本次问卷调查共发放问卷 112 张，收回问卷 108 张，问卷回收率为 96.43％，其中有效问卷 106 张，问卷有效率为 94.64％。

经过调查问卷的发放、收集和筛查，笔者将相关情况从 App 客户端下载后输入计算机，并对数据进行统计和分析。

（二）教师访谈

2021 年 11 月，笔者对学校初中部全体英语教师进行了一对一的访谈。访谈均在教师办公室进行，每位教师的访谈时间约为半个小时。在访谈过程中，笔者根据预先设计的访谈提纲，对每位教师的访谈内容进行记录，填写“教师访谈记录表”，并在提前征得访谈者同意的情况下，对访谈内容进行录音，便于后续转录分析。

（三）语音测试

语音测试分两次完成，第一次语音测试针对七年级学生，于 2021 年 11 月展开；第二次测试针对九年级学生，在 2021 年 12 月展开。在测试过程中，分别从七年级的 9 个教学班和九年级的 9 个教学班级中，以抽样的方法从每个班级各随机选取 18 名学生分两批进行语音测试。两次语音测试的试卷完全一致，测试全部在学校语音教室进行，每次用时约 20 分钟。笔者使用了“翼课网”客户端进行数据收集。笔者在进行语音测试之前与任课教师和班主任进行充分沟通，确保学生了解此次语音测试的目的和语音测试操作方法。在测试前，笔者将考核内容上传至“翼课网”客户端，组织学生在中午自习时抵达语音教室，并再次告知语音测试的目的和语音测试操作方法，强调语音测试采取匿名方式，缓解学生的心理压力。学生进行语音测试的过程中，系统会自动对学生语音朗读内容进行录音。语音测试结束后，笔者从客户端下载学生的语音测试音频，并逐一仔细收听，进行评分。在评分的过程中，笔者对语音测试中学生暴露出的错误进行了详细的记录并将测试情况输入计算机，对两次语音测试的数据进行统计和对比分析，以便对初入学学生和即将毕业学生的成绩有更直观的了解。笔者还对语音测试中记录下的问题进行总结和归纳，以便发现学生存在的语音问题和语音难点。

六、结果与讨论

（一）七年级学生调查问卷结果和讨论

表 3-4～表 3-7 是七年级学生调查问卷情况。

表 3-4　七年级学生语音基础情况

题目	选项	占比/%
对语音接触的情况	系统学习过语音	6.72
	学习过语音，但不系统	51.33
	接触过语音学习	40.62
	没有接触过语音学习	1.33
掌握语音教学内容情况	完全能够掌握	3.57
	基本上能够掌握	50.89
	能够掌握部分内容	39.73
	仅能够掌握很少内容	5.81

由表 3-4 可知，仅有 6.72%的学生系统学习过语音知识，有 90%以上的学生没有系统学习过语音，有超过半数的学生只是接触过语音学习；有 3.57%的学生能够完全掌握语音学习的内容，有一半以上的学生基本上能够掌握语音学习的内容，有 5.81%的学生语音学习效果比较差。

表 3-5 七年级学生语音评价情况

题目	选项	占比/%
对语音学习的重要性认识	非常重要	7.58
	比较重要	39.28
	一般	36.16
	不重要	16.98
对自己语音基础的评价	优	7.14
	良	39.73
	中	36.60
	差	16.53

由表 3-5 可知，分别有 7.58%的学生和 39.28%的学生认为语音学习非常重要或者比较重要；分别有 7.14%的学生和 39.73%的学生认为自己对于语音知识的掌握处于优等或者良好，16.53%的学生认为自己的语音学习较差。从学生对语音学习的认知和掌握程度的自我评价可以看出，学生对语音学习不够重视，语音基础薄弱。这需要教师在教学中进一步引导学生重视语音学习，要对学情有充分的了解：学生会什么、不会什么，哪些是重点，哪些是难点等，只有充分了解学情，教师在设计语音教学目标和教学实践中才能做到有的放矢。同时，教师要尽量避免学生会了的知识反复教、不会的知识却一带而过的情况发生。

表 3-6　七年级学生对语音的看法情况

题目	选项	占比/%
对语音学习的兴趣	非常感兴趣	9.37
	比较感兴趣	48.66
	一般	37.05
	不感兴趣	4.92
对语音学习的重视度	非常重视	33.03
	比较重视	27.67
	一般	36.16
	不重视	3.14
英语老师在日常教学中渗透语音知识的情况	经常	33.03
	有时	27.67
	很少	37.50
	从不	1.80
语音学习的内容认识	音节知识和音素的发音方法	23.66
	读音和规律	29.91
	语流和语调知识	25.00
	不知道	21.43
学好语音对英语学习发挥的作用	可以提高应试能力	36.96
	可以提高听说能力	47.41
	可以拥有地道的发音	4.80
	不清楚	8.23

由表 3-6 可知，分别有 9.37％和 48.66％的学生对语音学习非常感兴趣或者比较感兴趣；分别有 33.03％和 27.67％的学生非常重视或者比较重视学习语音；有 78.57％的学生认为语音学习包含音节知识和音

素的发音方法、读音和规律、语流和语调知识;有36.96%的学生认为语音学习可以提高应试能力,有47.41%的学生认为语音学习可以提高听说能力,有4.80%的学生认为语音学习可以让自己拥有地道的发音。数据表明,大部分学生对于语音学习有兴趣,认识到了语音学习在英语学习中的重要性,但是对于语音学习的内容和在英语学习中发挥的作用,认识不够全面。

表3-7　七年级学生在语音学习中的问题和困惑情况

题目	选项	占比/%
在语音学习时是否愿意积极表现自己	非常不愿意	21.42
	不愿意	30.35
	一般	32.14
	非常愿意	16.09
对语音学习难度的评价情况	非常难	16.51
	比较难	36.60
	一般	39.73
	不难	7.16
在音标学习方面存在的难度情况	元音学习	33.03
	元音和辅音学习	31.25
	辅音学习	29.01
	无难度	6.71
在语调和语流方面存在的难度情况	无难度	3.92
	句子重读	40.03
	连读和弱读	27.80
	语调和节奏	28.25

表 3-7(续)

题目	选项	占比/%
发现在语音学习方面存在问题的途径	自查的形式	29.91
	老师的指导	29.02
	同学的互评	25.00
	很难发现问题	16.07

由表 3-7 可知,有超过半数的学生不愿意在语音学习时积极表现自己;有高达 53.11%的学生觉得语音学习有难度;有 33.03%的学生认为元音学习有难度,有 29.01%的学生认为辅音学习有难度,有 31.25%的学生认为元音和辅音学习都有难度;在语调和语流学习方面,有 40.03%的学生认为句子重读不好把握,27.80%的学生认为连读和弱读有难度,有 28.25%的学生认为句子的语调和节奏不好把握;有 29.91%的学生可以通过自查的形式发现自己的语音问题,分别有 29.02%和 25.00%的学生通过老师指导或者同学互评可以发现自己的语音问题,有 16.07%的学生很难发现自己的语音问题。语音学习不同于词汇、语法、阅读、写作等可以通过笔试的形式及时发现问题,语音学习是一个不断犯错的过程,需要学习者在错误中总结、比较、分析和练习,学习者不仅要有分析错误、改正错误的能力,还要有敢于犯错的勇气和发现错误的能力。因此,教师一方面要及时指出学生的错误,并帮助他们纠正错误;另一方面,还要帮助学生获得辨别错误的能力,帮助学生树立信心,鼓励学生不断试错、不怕犯错,让学生树立从错误中不断总结的学习意识,从而获得进步。

(二)九年级学生调查问卷结果和讨论

表 3-8～表 3-13 是九年级学生调查问卷情况。

表 3-8　九年级学生使用语音的情况

题目	选项	占比/%
运用语音知识进行学习的情况	能根据音标拼出单词	21.22
	能使用读音规则记忆单词	48.11
	能使用音标给单词做标注	23.58
	能使用相关语音知识背诵单词	7.09
对学习音标的目的了解情况	非常了解	48.11
	比较了解	15.07
	不太了解	25.48
	不了解	11.35
对学习语音的作用了解情况	能帮助记忆单词	55.75
	能帮助提高听说能力	40.18
	能帮助提高阅读速度	4.80
	不知道	0

由表 3-8 可知,有 21.22%的学生能根据音标拼出单词,有 48.11%的学生能使用读音规则记忆单词,有 23.58%的学生能使用音标给单词做标注;分别有 48.11%和 15.07%的学生非常了解或者比较了解学习音标的目的;有 55.75%的学生认为学习语音能帮助记忆单词,有 40.18%的学生认为学习语音能帮助提高听说能力,有 4.80%的学生认为学习语音能帮助提高阅读速度。作为学生学习的引导者,教师要积极引导学生,要让学生明白语音学习的目的和对英语学习的帮助,要让学生有目的地去学习语音知识,并能够把语音作为一种学习工具进行灵活运用。

表 3-9　九年级学生对语音教学内容和教学方法的评价情况

题目	选项	占比/%
老师是否有计划地教授语音知识	非常有计划性	13.67
	比较有计划性	47.66
	很少有计划性	21.69
	没有计划性	16.98
老师是否会补充语音知识方面的课外内容和扩展练习	经常补充	31.14
	有时补充	26.88
	很少补充	41.98
	从不补充	0
除传统语音教学手段外，老师是否采取其他多种多样的语音教学辅助手段	没有	24.05
	很少	26.93
	比较多	27.35
	很多	21.67
对视听结合的语音教学方法的评价	非常喜欢	41.03
	喜欢	43.86
	一般	8.04
	不喜欢	7.07

表 3-9 反映了不同的教师在语音教学内容和教学方法上的差别。由表 3-9可知，分别有 13.67%和 47.66%的学生认为老师在教学语音知识时非常有计划性或者比较有计划性；分别有 31.14%和 26.88%的学生认为老师在教学语音知识时经常补充或者有时补充课外内容和扩展练习；分别有 21.67%和 27.35%的学生认为老师在教学语音知识时采取了多种多样的教学辅助手段；有 80%以上的学生都喜欢视听结合的语音教学方法。因此，教师在日常语音教学中，应明确教学目标，采

用多种多样的教学辅助手段，有计划有步骤地实施语音教学，通过多种途径寻找合适的教学资源进行补充教学和相关练习，从而让学生充满兴趣地主动学习语音知识。

表 3-10　九年级学生在语音方面的练习时间情况

题目	选项	占比/%
语音学习时间在所有的听说读写学习时间里所占的比重	很多	9.9
	比较多	1.41
	很少	73.58
	几乎没有	15.11
平均每天在课堂以外朗读英语的时间	30 分钟以上	15.56
	10～30 分钟	48.11
	少于 10 分钟	32.56
	没有朗读	3.77

由表 3-10 可知，有 73.58％的学生表示，语音学习的时间在所有的听说读写学习时间里所占比重很少；仅有 15.56％的学生在课堂以外朗读英语的时间超过 30 分钟，甚至有 3.77％的学生在课外从不朗读英语。这表明，大多数学生在英语学习中还存在只是应付考试不会实际应用的现象。笔者认为，这一方面是由于评价方式决定的，考试就是指挥棒，因为考试不考，所以学生不练；另一方面，也和教师的引导有关，教师在教学过程中，语音的教学时间有限，没能有计划地教授学生学习语音知识，没有积极地培养学生养成良好的朗读习惯，必然导致学生不注重英语语音的学习。

表 3-11　九年级学生的语音学习环境情况

题目	选项	占比/%
所在班级的人数	V60～69 人	32.56
	50～59 人	34.43
	40～49 人	33.01
	70 人以上	0
每周参加英语口语训练的频率	每天都参加	16.03
	每周三次左右	42.92
	每周一次	27.85
	几乎不参加	13.20
没有参加口语训练的原因	个人基础不好	21.69
	课时紧张	27.83
	考试导向问题	29.26
	班级人数太多	21.22

表 3-11 主要反映了学习环境对于学生学习语音知识的影响。由表 3-11可知，有 32.56%的学生所在班级人数为 60～69 人，有 34.43%的学生所在班级人数为 50～59 人，有 33.01%的学生所在班级人数为 40～49 人；仅有 16.03%的学生每天都参加英语口语训练，有 13.20%的学生几乎不参加任何英语口语训练；对于没有参加英语口语训练的原因，21.69%的学生表示是个人基础不好，27.83%的学生表示是课时紧张，29.26%的学生表示是考试导向问题，21.22%的学生表示是班级人数太多。

表 3-12　教师对于九年级学生的语音纠错手段情况

题目	选项	占比/%
当出现语音不正确时,老师的纠错手段	经常被老师指出语音问题,并且可以得到阶段性、回顾性检测	40.56
	经常被老师指出语音问题,但很少有后续跟踪和后续检测	36.32
	很少会被老师指出语音问题,也没有后续跟踪和后续检测	23.12
	老师没有指出问题	0

表 3-12 主要反映了教师对于九年级学生的语音纠错手段情况。由表 3-12可知,有 40.56%的学生经常被老师指出语音问题,并且可以得到阶段性、回顾性检测;有 36.32%的学生经常被老师指出语音问题,但很少有后续跟踪和后续检测;有 23.12%的学生很少会被老师指出语音问题,也没有后续跟踪和后续检测。对错误进行分析,是语音学习的重要手段。课堂上,只有生生之间、师生之间进行积极交流,教师才有机会发现学生的语音问题,及时指出问题,并帮助学生提高语音的准确性。在语音教学中,有部分教师没有掌握纠错方法和技巧,忽视了纠错的时效性,把纠正错误片面地理解成了指出错误。科学的语音纠错方法应该是:指出错误,给予学生有针对性的指导,告诉学生错在何处,做出正确示范,帮助学生掌握正确读音并让学生通过反复练习形成记忆,检测学生是否解决了语音问题。如果在后续的检测中教师发现学生没有解决问题,还需要对学生进行更深入、更细致的指导和更有针对性的训练。学生的语音问题有共性和个性之分,教师可以采取小组合作的模式发挥同伴的互助作用,充分发掘学生合作学习和自主学习的能力,在减少学生语音错误的同时,也减轻了教师自己的语音纠错压力。

表 3-13　九年级学生对语音教学的评价和语音考核形式情况

题目	选项	占比/%
对现行语音教学的评价	同时满足了考试要求和实际语言运用需求	37.26
	只满足了考试要求	57.05
	只满足了实际语言运用需求	3.39
	既没有满足考试要求，也没有满足实际语言运用需求	2.30
语音考核形式	朗读课文	31.60
	口语测试	64.16
	考核方式多样化，有平时测试也有综合测试，有老师评价也有同学互评	4.24
	没有接受过语音方面的考核	0

由表 3-13 可知，对于现行的语音教学模式，有 37.26%的学生认为同时满足了考试要求和实际语言运用需求，有 57.05%的学生认为只满足了考试要求，有 3.39%的学生认为只满足了实际语言运用需求，还有 2.30%的学生认为既没有满足考试要求也没有满足实际语言运用需求。关于语音考核形式，有 31.60%的学生是通过朗读课文进行测试的；有 64.16%的学生是通过口语进行测试的；有 4.24%的学生认为考核方式多样化，有平时测试也有综合测试，有老师评价也有同学互评。在实际教学中，教师应丰富语音考试形式，在终结性考试的同时，增加诊断性考试、形成性考试，把单一的考试形式丰富为学生自评、同伴互评，以及教师的过程性评价和结果性评价等。比如，学习小组内部可以进行组内周测，学生个人可以进行每月自评，每学期可以进行自选语段背诵比赛、语音测试等。丰富多样的评价方式，可以极大地调动学生的积极性，让学生更加主动地学习语音知识。

（三）教师访谈的结果与讨论

1. 受访教师的基本情况

受访教师为学校英语教师，共21人。

从学历来看，受访教师中，本科生有9人，都是师范院校英语专业毕业；研究生有12人，其中，7人为师范院校英语专业毕业，5人为非师范院校英语专业毕业。从年龄来看，30岁以下教师有11人，30～40岁教师有8人，40岁以上教师有2人。从职称来看，初级职称、中级职称和高级职称各占三分之一左右。从教龄来看，教龄少于3年、3～5年、5～10年和10年以上各占四分之一左右。

2. 对语音教学目标的了解情况

在访谈中，几乎全部的教师都表示英语语音教学重要且必要。有近一半的教师可以准确说出《义务教育英语课程标准（2022年版）》中对于语音部分的二级和五级目标，其余教师也可以用概括性的语言描述《义务教育英语课程标准（2022年版）》中的语音教学目标。但是，经过进一步访谈发现，如果将语音教学目标具体到教材中的某个单元、某一课时，教师们对目标的把握就都变得比较模糊。可见，教师虽然对于《义务教育英语课程标准（2022年版）》中的语音教学目标了解得比较清楚，但是没有形成系统的与教材和课时相匹配的语音教学目标。

3. 对语音教学内容的了解情况

在访谈中，几乎所有的教师对语音教学的具体内容都如数家珍，但是具体到语音教学计划时，只有少部分教师可以清楚地列出每个学期需要完成的语音教学内容和每个单元所对应的语音教学内容。初中英语牛津译林版教材的语音内容集中体现在附录部分，每个单元都有对应的语音知识点，但是在访谈中，部分教师对于每个单元对应的语音教学内容，既不是很清楚，又没有相应的教学计划。

4. 对语音教学重点和难点的了解情况

对于语音教学的重点，6 位教师表示初中教学的重点应该放在超音段音位上；有 8 位教师表示部分学生音段音位掌握得不是很好，初中阶段音段音位和超音段音位教学应该并重；还有 7 位教师认为，在初中入学阶段应把教学重点放在音段音位上，随着教学的推进，应逐渐向超音段音位过渡。值得注意的是，有部分教师表示，自己对于超音段音位的知识也需要进一步学习和加强。

5. 对语音教学课时的设置情况

在语音教学课时设置方面，5 位教师表示，会按学校课程设置，每周去语音教室进行一次人机对话语音课；有 10 位教师表示，要看教学进度，如果教学进度比较紧凑，可能会把语音课改成常规英语课；有 6 位教师表示，由于时间紧任务重，基本上只有语音测试的时候才会上语音课，一个学期只上两三次。所有的教师都表示，英语语音教学课时明显不够。

6. 对语音教学方法的了解情况

在访谈中，笔者发现对于语音教学方法的使用基本有两种模式。第一种比较传统，以课本为素材，通过跟读和模仿的方式让学生在读的过程中学习读音、纠正错误。第二种方式是，教师会补充一些来自其他教材的材料或者贴近生活的视听材料，丰富学生的“读”和“练”。补充的材料不局限于文章，绕口令、歌谣、故事片段、歌曲、电影片段等都适合学生学习。有一名教师让学生以小组为单位，通过小组合作学习，梳理语音知识，画出语音知识体系思维导图。还有一名教师给学生建立了个人语音成长档案，用档案的方式长期追踪学生的语音练习情况和所取得的进步。

7. 对语音考核方法的使用情况

在语音考核方法的使用上，有 15 位教师使用传统的语音考核方法，即在期中测试和期末测试时进行语音测试。有 6 位教师使用的语音考核方法非常新颖和多样，不仅有师评，还有自评和同伴、小组互评；不仅有终结性的语音测试，还有形成性的测试，如：平时朗读的时长积分、每周背诵的语音成绩、每月自选语段的朗读成绩，还有针对每个学生语音情况的个性化的自我语音成长（纠错）加分，充分激发了学生语音学习的兴趣。

（四）学生语音测试结果和讨论

1. 学生语音测试结果

学生语音测试结果见表 3-14 和表 3-15。

表 3-14　七年级学生语音测试结果

测试项目	音素	单词	短语	句子	对话	段落
有效试卷/份	18	17	18	18	16	16
合格试卷/份	14	13	13	12	10	10
合格率/%	77.78	76.47	72.22	66.67	62.50	62.50

表 3-15　九年级学生语音测试结果

测试项目	音素	单词	短语	句子	对话	段落
有效试卷/份	18	16	17	18	17	18
合格试卷/份	17	15	14	14	11	12
合格率/%	94.44	93.75	82.35	77.78	64.71	66.67

语音测试共六大题。第一大题主要考查学生音素和单词的发音，包括 48 个音素的发音和 20 个单词的读音，题目设置目的是考查学生音段音位的掌握情况。语音测试的第三至第六大题主要考查学生语句

的拼读，包括读短语、读句子、读对话和读段落，题目设置目的是考查学生超音段音位的掌握情况。

关于音素和单词，数据显示，七年级入学时学生的合格率分别达到了 77.78％和 76.47％。数据说明，学生对音素知识和音节知识掌握较好，是六项考查内容中合格率最高的两项。九年级学生这两项题目的合格率都超过了 90％。这说明，少数入学时语音和单词读音较薄弱的同学，经过三年的学习，音素和单词读音进步显著，中学阶段对于音素和单词读音的教学是有效的。

关于短语和句子，数据显示，七年级入学时学生短语测试的合格率分别为 72.22％和 66.67％，九年级测试时合格率分别是 82.35％和 77.78％。数据说明，学生对于短语和句子的掌握，不如单词和音素好。这一方面说明，初中的语音学习更倾向于字母和单词部分，对句子的涉猎仍不足。另一方面，对于句子部分的朗读测试，除了含有音段音位的知识外，也融合了超音段音位知识，这对于学生来说难度较大，是初中语音教学中的一个难点。所以，教师应该在明确目标、调整教学方式上下功夫，采取更有针对性的操练方式，设计更贴近学生的语音练习，帮助学生突破难点。对于对话和段落部分，数据显示，七年级入学时学生的合格率都刚刚达到 60％，即使经过三年学习，九年级此部分的合格率仍然没有突破 70％，进步幅度非常有限，是六项测试中得分最低的两项。这说明，在初中语音教学中，接近真实语境的、在语段和语篇下的语音教学仍然薄弱且低效。

2. **学生语音测试讨论**

为了对学生语音测试中的错误进行细致的了解和归纳，笔者对学生语音测试中常见的错误进行了记录和分析。

(1) 元音常见的错读。

① 长元音和短元音的错读。

英语元音中存在发音比较接近的长元音和短元音，如/iː/和/ɪ/，/uː/

和/ʊ/,/ɜː/和/ə/,/ɔː/和/ɒ/,/ɑː/和/ʌ/。在语音测试中,英语长元音和短元音音素的考查都是成对出现的,这样可以更快捷地找到学生在长元音和短元音方面的区别困难。分析发现,有超过一半的同学对长短元音产生误读和混淆。很多同学错误地认为,长元音读短了就是短元音,比如很多同学通过直接拉长的方式读 full/fʊl/和 fool/fuːl/,把 it/ɪt/拉长去读 eat/iːt/,这样都是不正确的。长元音和短元音存在舌位和口形的不同。同时,发长元音时,发音时间较长,肌肉处于紧张的状态;而发短元音时,发音时间较短,肌肉处于比较放松的状态。

② 不同元音之间的错读。

学生由于对音素发音位置没有直观的了解和感受,又受母语的影响,因此想当然地把一些元音误读成另外一些元音。比如,对于音素/ɪ/和/eɪ/,很多同学把 it/ɪt/读成了/eɪt/,把 listen/ˈlɪsn/读成了/leɪsn/。又如,长元音音素/əʊ/容易受汉语的影响而读成类似"哦"的发音,失去了双元音从一个音滑向另一个音的过渡,语音测试中 boat 就常因此而错读。

(2) 辅音常见的错读。

① 辅音的错读。

汉语因为方言众多的原因,不同地区的人受方言的影响难免会有口音。所谓的口音,其实就是和标准普通话产生的偏差。受母语负迁移的影响,这种口音也会被带入英语的辅音发音中。比如,有些地方的人们经常 h 和 f 不分,所以含有/h/和/f/因素的 hope 和 phone 存在明显误读。再如,笔者所在地区的人们前后鼻音分不清楚,所以含有前后鼻音/n/和/ŋ/的 ink 和 sing 存在明显误读。还有 l 和 n 混读,所以含有/n/和/l/音素的 noon 和 look 也易误读。另外,平翘舌/s/和/ʃ/的误读,易导致/ʃ/和/ʒ/的清浊误读及/v/和/w/的唇音误读等。

② 辅音字母后加音。

受汉语声母需要借助韵母发音的影响,有部分同学在读辅音音素和读单词的时候，习惯性地会在辅音后面加上/ə/这个元音音素。如，音素/p/加音读成/pə/，/b/加音读成/bə/，make 错读成/meɪkə/。这种辅音后加元音音素的错读现象在学生语音测试中比较普遍。

③ 单词内减少辅音。

/v/除了容易因为不咬唇被误读成/w/以外，还容易发生减音现象。比如 every 这个词，学生很容易因为 every 这个单词的音节比较多，发音有难度，所以省去 v 的发音，将/evrɪ/读成/erɪ/。这种减音的错读现象在语音测试中也多次出现。

（3）重读错误。

重读错误是语音测试中读短语、句子、对话和段落部分常出现的错误，分为单词重读错误和句子重读错误。

在单词重读方面，多音节单词的重读是一个难点，经常有学生把握不准确。有一些学生是因为对重读音节把握不准而误读，比如很多学生将 interesting/ˈɪntrɪstɪŋ/读成了/ɪnˈtrɪstɪŋ/，将 almost/ˈɔːlməʊst/读成了/ɔːlˈməʊst/；还有一些学生是因为对单词词性转换没有掌握而误读，如，Please tell me your record(/ˈrecord/)中的名词“录音”和 I will record (/reˈcord/) what you say 中的动词“录音”。

在句子重读方面，英语中的句子重读通常是为了表示强调，重读的部分通常是需要被强调的部分。如语音测试中的句子：

The girl with sun glasses is my sister!（无强调）

ˈThe girl with sun glasses is my sister!（强调那个女孩）

The girl ˈwith sun glasses is my sister!（强调戴眼镜的）

The girl with sun glasses is ˈmy sister!（强调我的妹妹）

但是，在语音测试中绝大部分同学都将句子中的每个单词重读，将每个单词都进行强调，使得句子被割裂成了无数个单词。这样读，一方面体会不到意群和句子要强调的内容，另一方面使英语语流之美尽失。

（4）节奏错误。

很多时候，学生似乎已经把句子中所有的单词都读得很标准了，但是听起来还是非常不对劲。这是因为学生朗读的节奏不正确。朗读英语句子所用的时间不是由句子中音节数量决定的，而是由重读音节的数量决定的，所以英语是“重读等时性语言”。

如语音测试中的句子：

The rabbits eat carrots.

The rabbits have been eating some of the carrots.

这两个长度不同的句子，其实朗读所需要的时长是差不多相同的，因为第二句中只有实词 rabbits、eating 和 carrots 需要重读。但是，几乎所有的同学在语音测试中都会读错。

(5) 弱读错误。

关于弱读，学生通常有两个误区。第一个误区：大多数同学认为，除去英音和美音的差别，以及词性不同、读音不同这样的特殊情况以外，英语单词有且只有一个读音。第二个误区：大多数同学认为，英语中的弱读其实就是把单词和短语读得轻一点、音量降低一点。事实上，英语的弱读是为了减少英语重读音节的数量以便发音，那些没有实际意义的且在句子中不表示强调的结构性助词，比如连词、介词、代词、冠词、助词等，都需要弱读，且发生音变。如语音测试中的句子：

Go to school. (to 本来读/tuː/，但是在句子中应该弱读成/tə/。)

Look at me. (at 本来读/æt/，但是在句子中应该弱读成/ət/。)

I can do it. (can 本来读/kæn/，但是在句子中应该弱读成/kən/。)

英语句子中的非重读音节的数量，远远大于重读音节的数量，但是由于中文中没有弱读的概念，在母语的负迁移作用下，弱读成了英语语音的一个难点。这间接导致了学生在听英美国家人们说话的时候，会有听不懂的情况，而自己的表达也不能完全被英语母语者所理解。所以，要想说好英语语音，学好弱读至关重要。

(6) 同化错误。

英语同化现象是英语连读的一种。同化是指一前一后的两个音碰到一起时互相影响，从而改变原有发音的现象。同化有以下三种情况。

第一种情况是前一个音受后一个音的影响而发生改变，后一个音保持不变。这个在语音学上叫作逆行同化，也叫失去爆破。如语音测试中：

look back 中的/k/变弱，口腔中的气流释放不完全，语音受阻，不完全发音。

that job 中的/t/变弱，似乎只是做了一个发音动作，不完全发音。

good night 中的/d/变弱，不完全发音，失去爆破。

have to 中的浊音/v/被后面的 to 影响，变成了声带不震动的/f/。

in person 中的鼻音/n/变成了需要闭唇的/m/。

第二种情况是后一个音被前一个音影响，这种现象叫作顺行同化。这在单复数结尾中比较常见。如语音测试中的 books 和 dogs。

book 一词结尾是声带不震动的轻音/k/，所以 books 就读成不震动声带的/s/。

dog 一词结尾是声带震动的浊音/g/，所以 dogs 就继续震动声带读成/z/。

第三种情况是前后两个音相互作用，这在语音学上叫作融合，通常和/j/相关。如语音测试中的：

God bless you. /s/＋/j/＝/ʃ/.

As you wish. /z/＋/j/＝/ʒ/.

Nice to meet you. /t/＋/j/＝/tʃ/.

Did you do it? /d/＋/j/＝/dʒ/.

测试结果显示，上述三种语音同化现象，只有失去爆破一项的正确率超过 60％。

(7) 语调错误。

大部分学生从开始学习英语起，就听说过语调，但是在语音测试中，学生在朗读句子时，却经常发生语调错误。语调分为狭义语调和广义语调。广义的语调包括节奏、断句(停顿、意群)、重读(强调)、语气(说话方式)、音调、音高等。狭义的语调仅指音调和音高的起伏变化，也就是英语的音乐性。在句子中某一处或者某几处音高发生的变化，可能是持平，也可能是升高或者降低，还有可能是先升高后降低等。我们可以通过下面几个有关 all right 声调的例子来阐述英语语调的作用。

① 表达态度或情感。

All right. (平调，表示肯定、漫不经心、无可奈何)

Are you↗all right? (升调，表示询问)

Please be quiet, ↗all right? (升调，表示生气)

↘All right! (降调，表示欣喜)

↘All right! All right! (降调，表示不耐烦)

Do you really think it's↘↗all right? (先降调后升调，表示强调或质疑)

↘↗All right! I got it. (先升调后降调，表示妥协)

② 表示陈述或者疑问。

He is a student. ↘(降调，表示陈述)

Is he a student? ↗(升调，表示疑问)

当然，也有很多陈述句和疑问句没有遵循这个规则，而是表达了更丰富的内涵。

This way please. ↗(升调，表示礼貌)

What time is it? ↘(降调，疑问句)

③ 表示强调。

The boy is eating↘junk food. (降调，强调垃圾食品)

↘The boy is eating junk food. (降调，强调男孩)

The boy is eating↗junk food. (升调，强调吃了垃圾食品)

总结起来，英语的升调一般可以用在：ⅰ. 一般疑问句中；ⅱ. 陈述形式的疑问；ⅲ．反义疑问句的附加问句中；ⅳ．列举最后一个元素之前的元素；ⅴ．礼貌的请求、建议或问题；ⅵ．句子未完成的部分。

英语的降调可以用在：ⅰ．特殊疑问句中；ⅱ．陈述事实或回答问题；ⅲ．感叹；ⅳ．命令；ⅴ．列举中的最后一个元素；ⅵ．反义疑问句的前一部分；ⅶ．已经知道提问的答案时；ⅷ．作为回答、附和、确认的问句形式；ⅸ．用问句形式表示礼貌；ⅹ．不满、愤怒。

需要强调的是，一个句子的语调有着多样性，其中，意群发挥着重要作用。

(8) 连读错误。

经常会有学生表示，虽然听不懂，但是当看到听力材料时单词却都认识。笔者认为，这主要是对连读掌握不好所致。连读也是英语和汉语语音中区别比较大的地方。汉语强调抑扬顿挫、一字一顿，英语则不是按照单词划分界限。英语连读是指，在英语中，当上一个单词以辅音结尾、下一个单词以元音开头时，上一个单词结尾的音和下一个单词开头的音应连在一起。英语中，该连读的时候，必须连读，否则就是发音不标准、不到位。如语音测试中有如下考查连读的两个句子：

Not at all. 这个句子应该连读为/nɒtætɔːl/，而不是/nɒt//æt//ɔːl/。

All of it. 这个句子应该连读为/ɔːləvɪt/，而不是/ɔːl//əv//ɪt/。

第二节　教学问题分析

一、学生的语音知识尚未构成体系

结合学生的调查问卷与语音测试结果，从中可以发现，学生对于语音知识的掌握过于片面化，知识体系呈碎片化，在学生的脑海中没有形成一个系统的、完整的语音知识体系。纵观整个语音学习过程，不难发现，语音是由若干个元素组成的一个庞大的体系，音素、重读、节奏、停顿、语调等，其中哪一个环节出现问题都不能组成一个完整的语音系统，每个元素之间都是彼此影响、互相联系的。调查数据显示，学生掌握较好的语音模块是元音模块和辅音模块。在语音测试中，学生在连读、弱读、节奏、语调的测试中得分均不及格，这个结果并不理想。这从侧面反映出学生对语音的学习还停留在音标层次。同时，对学生的问卷调查结果显示，大部分学生十分热爱学习英语语音，他们也认识到了英语语音对自己学习英语的重要性，并表示英语语音知识的学习对自己的考试成绩也有很大的帮助，但是对英语语音的认识仅仅是音标。语音测试中，在用音标准确地读出英文字母的读音这一项，近 20%的学生并不能够标准地读出来。从大部分学生不熟悉的语流层面来看，学生对于这部分知识仅仅是有些了解，而没有完全掌握。学生表示，在英语课堂上，教师对于语音知识的讲授时间太短，甚至有 8.76%的学生表示教师从未在课堂上讲过语音知识，这更使得学生的语音知识匮乏。在口语表达方面，学生的语音语调及节奏等问题表现得较为突出，虽然学习过音标知识，但还是有近 10%的学生不会拼读单词，还有 4%～5%的学生不知道在读课文或语篇时应运用正确的语调与节奏等，更不用说做到口语表达流畅、达意了。

在教师访谈中得知，50%的教师认为语音教学的重点内容是音标拼读的规则。这也说明教师自身对语音知识的体系讲解没有足够的认识，对语音知识的重点仅仅停留在音标层面。

二、教师教学的目的偏重于应付考试

为了达到考试的标准，在实际教学中，教师会将语法、词汇等理解记忆性的东西进行强化训练，利用大量的习题来加深学生对语法、词汇的记忆和掌握，对于语音方面的听、说能力，教师仅仅采用口头讲述理论知识的方法草草带过。这样的教学，颠倒了语言能力训练的顺序，将两者的教学方式完全弄反。在日常生活中，人们使用口语的时间大于使用书面语，教师这样的教学行为违反了语言学习规律。事实上，由于应试考试的压力，有很多教师不得不注重单词和语篇的教学，而忽视语音的教学。根据教师访谈结果得知，有70%的教师更加重视语法和句型的教学，仅有10%的教师重视语音教学，而重视语音的大部分教师在教学中仅强调单词的发音、音标的拼读规则和重读，对于连读、弱读、节奏等语流方面的知识仅仅是一带而过甚至干脆不讲。

笔者所在的学校，目前整个英语考试体系中都没有英语口语考试，因此英语笔试成绩成为评价教学的唯一标准。由于升学压力，学生仍然需要应付考试，努力在考试中获得更高的分数，因此，与英语语音学习的练习和纠正相比，把大部分时间花在学习词汇和语法或者提高阅读和写作能力上，更能在考试中获得高分。由此可知，学校、教师和学生的压力都来自考试，这使得英语的实用功能和交际功能几乎被忽视。通过调查得知，虽然许多教师了解英语语音教学中的语音目标，但是有70%的教师认为语音目标在实际课堂中不易实现。根据对教师的学历以及专业的调查得知，由于教师本身的英语语音素质不高，加上过时的教学思想和方法限制了他们对英语教学的认识和理解，造成了教师对语音教学的重视不够。

三、教材中语音板块的缺失

现阶段的初中英语语音教材中并没有专门的语音板块，所有的语音知识都是散布在每个单元的课文与对话中的，教师只有在讲课文遇到相应的语音知识时才会进行语音知识的穿插讲解。根据教师访谈得知，60%的教师表示自己的语音教学内容只能拘泥于教材，但是教材中的语音知识太少，部分教师只能自己通过其他渠道寻找语音教学资源。这为广大英语教师语音教学的开展增加了难度。因此，教师基本是对教材中的语音知识照本宣科，采用语音教学中最基本的教学方法“听＋模仿”。但是在教学过程中，学生除了模仿老师的发音外，还应该模仿各种音频、视频等材料的发音。

由于学校对教师教学进度的要求，教师要在每节课完成一定的教材内容的讲授，这在客观上限制了语音知识的教学，导致学生对语音知识较为陌生。语言的主要作用就是听、说，但由于局限于教材中的语音知识，教师无法对学生进行更多的语言听说能力的训练，久而久之，就造成了学生语音能力的弱化。许多学生在学习发音时，只看到并模仿老师的口形，他们并不知道如何正确地使用发声器官，所以他们更多的是用汉语中相似的声调代替英语发音，用汉语语调来读或说英语。语音学习需要大量的练习，如听音频材料、看语音教学情境视频等，学生应该在反复模仿发音和语调中，总结和纠正自己的发音错误。但是，由于单一的教学内容，学生对语音练习感到厌烦，很少有兴趣完成课后发音练习。因此，学习材料的单一和错误的学习方法成为学生学习语音的绊脚石。

四、语音课程教学手段单一，教师使用教学技术不娴熟

《义务教育英语课程标准（2022 年版）》在学生的培养目标和教育教学方式等方面进行了调整和规定，教师由原来的教学的主导者向教学的引导者、参与者、设计者、合作者等角色转变。《义务教育英语课程标准（2022 年版）》“以人为本”的新理念对英语教师提出了更高的要求。因此，教师在教学中的教学方法也要随之改变，由单一化转向多样化。通过访谈得知，很多教学方法，如任务型教学法、全身反应教学法、形成性评价等，在实际的教学中都没有真正派上用场，大部分教师在教学时

还是主要采用教师讲授的形式，这种教学形式不符合新课改的教学理念，在教学中没有将学生的主体地位显现出来。

通过访谈得知，在语音教学方面，有 50％的教师经常使用听音模仿、反复操练的教学方法。这样的方法有助于学生对语音知识的强化，但是，反复的操练会使学生产生对学习的枯燥感，从而逐渐失去对语音学习的兴趣。有 40％的教师表示，会频繁使用朗读法对学生的语音技能进行培训。朗读法能够培养学生的语音意识，使学生在朗读的过程中增强对词汇的记忆，但在语音方面效果却不是很好。在学生朗读的过程中，不可避免地会出现发音不标准、语调不达意的情况，但是由于学生人数较多，教师很难发现学生的语音错误，也不能及时纠正，学生也不会发现自己的语音问题。久而久之，学生习惯了这样的读法，会将错误的知识内化，从而形成很难改变的发音。

在语音教学时，比起理论知识的学习，更重要的是语音的语用功能，这就要求教师要大量使用到现代教育技术手段去丰富语音教学。但是，通过访谈得知，所有的教师对现代教育技术的使用并不熟悉，在教学技术辅佐语音课堂方面，教师还仅仅停留在简单的 PPT 动画播放上，对于其他的教育技术知识知之甚少。事实上，教育技术不仅包括 PPT，还包括图像、音像、声音、动画等。在访谈中得知，仅有 2 名教师会利用网络资源寻找教学资料，这也从侧面反映出教师在教育技术方面知识的匮乏。

五、课堂教学时长有限，评价体系不健全

初中阶段每天仅有一节英语课，每节课时长 40 分钟，在这段时间中，教师要完成学校总体规定的教学任务，达成整节课的教学目标，同时还要对学生进行评价，因此，大部分教师无暇顾及语音教学的开展。调查显示，50％的教师认为教学时长太短，多种原因导致自己根本没有

时间去进行语音知识的讲解，大部分时间都用于讲解课本上的内容。教学时长问题是影响教师语音教学的因素之一。许多教师认为，《义务教育英语课程标准(2022年版)》规定的语音教学目标虽然看起来增加了语音教学的工作量，但是教师在实际的教学中迫于课程内容的繁多根本没有时间讲授语音知识。

在有限的教学时长的影响下，教师对学生的评价方式也显得较为单一化、形式化。参与评价学生的主体应是多样的，教师、学生以及家长都是参与评价的主体。但是，调查得知，60%的教师表示评价学生的语音学习成果时，其主体多为教师。在评价方式上，有80%的教师表示自己是当堂完成了对学生的评价，这样的方式虽然能够及时对学生学习成果产生影响，但还是从侧面反映出教学任务繁重的问题。多数教师认为，考试是教学评价的主要方式。但是，考试中涉及语音方面的测试题目极少，这与以考试成绩为评价标准来衡量学生的语音学习效果相悖，也显现出应试教育的弊端。对学生的评价不等于考试，考试只是检测学生知识的一种手段，应更加注重过程评估和促进学生的发展。但在现实情况下，评价学生与教师的标准几乎都是学生的考试成绩，甚至有些学校还将其作为选拔优秀教师的最重要条件之一。由于各方面原因，教师不可能在语音教学中花费太多的时间，也没有足够的时间组织生动的英语语音活动来满足现代社会对语音的交际功能的要求，只能在课堂教学中努力提高学生的考试成绩。

六、学生自身语音学习的不足

（一）缺乏发音知识

语音测试成绩和问卷调查结果表明，学生缺乏发音知识。学生不熟悉开闭音节和语调的知识，大多数学生无法掌握连音和词组缩减的发音方法。在练习发音时,由于缺乏发音知识的理论基础,他们更倾向于采用学习母语的方式。据统计,大多数学生倾向于使用汉语拼音来标注英语发音。英语教学相关标准要求,学生在初中时能正确阅读26个字母,理解简单的拼写规则、单词重读和句子重读,以及英语发音中的连贯、节奏、停顿和语调。但是,根据语音测试成绩和问卷调查结果显示,学生并不能完全达到该标准。

由于母语的负迁移作用,学生会误读开音节和闭音节中的字母。许多学生认为字母只有一个音。他们会将字母的发音与汉语拼音中相同字母的发音混淆。而语内迁移是学生不能完全掌握不同单词中字母的不同读音,并导致学生无法整合知识的重要原因。学生常常会读错元音簇和辅音簇。由于学生无法理解":"在音标中的含义,拼音中也没有长元音,因此,学生无法理解长元音的知识,导致语际迁移。调查还显示,大多数学生不知道相同的元音簇和具有不同发音的辅音簇,没有掌握长元音和短元音的口形和肌肉紧绷度的区别,没有发音器官的基本生理知识,不能准确地做出正确发音所需的口形,也不能正确放置舌头。因此可知,在他们学习音素的发音时,并没有学会如何以正确的口形和舌头的形状发音。很多学生对连音、重读、爆破音等语音现象没有很好地把握。降调在汉语中被广泛使用,使学生无法正确掌握英语发音中声调的用法。以上种种问题均表明,学生缺乏发音知识。

(二)缺少良好的语言环境

缺少良好的语言环境是造成学生语调问题的原因之一。学生日常交流以汉语为主,英语教师普遍使用汉语教英语,教发音仅遵循教材,但是,教材中涉及的发音知识极少。因此,学生学习发音缺少良好的语言环境。

另外,在学生学习发音时,教师将音位段与超音段音位教学分开,也导致学生无法获得完整的语言环境，无法形成发音意识和语感。第二语言习得理论指出，习得发生在学习者获得可理解的输入后，学生才能全面理解其含义。语言环境对学生学习发音至关重要。语言环境的缺失会影响学生的发音能力。

（三）缺乏使用语言的机会

从调查问卷结果来看，学生学习发音的时间较少，大部分是在课后学习。学生没有足够的机会练习发音，不利于巩固发音知识，无法提高发音能力。有学生反映，老师虽然经常在课堂上训练发音，但是练习效果不明显。

教师在课堂上教授发音时，教师始终是主体。这种教学方式，无法为学生在课堂上练习发音提供足够的机会和时间。此外，在学生的日常生活中，他们也很少有机会用英语交流。

（四）学生的学习态度影响他们的发音学习

问卷调查结果表明，大部分学生对英语语音教学持积极态度，认为这是英语学习的重要组成部分。然而，仍有很多学生不愿意在课堂上用英语表达。有的学生在学习发音的时候，怕被同学嘲笑，怕被老师纠正，不敢说英语。此外，由于害羞、自卑等情绪，大多数学生不愿意用英语与陌生人交流，学生不敢说英语，害怕说英语。

当13～14岁的学生充满想象力和冲动时，他们的动机随时都在变化。他们的动机会受到情绪、环境和兴趣水平的影响。学生对发音学习的态度会影响他们的英语发音学习，学习态度消极是导致他们英语发音能力薄弱的主要原因之一。

七、教师在语音教学中存在的问题

（一）语音教学内容存在的问题

根据访谈得知，大部分教师认为音节知识是语音教学的重点，而忽视了超音段音位教学。忽视超音段音位教学，即忽视英语的连贯、节奏、停顿、语调教学，会导致学生在发音学习中缺乏良好的语言环境。

另外，大部分教师在语音教学中，只教授课本中出现的发音知识，且把重点都放在单词和句子的发音上。他们大多只教音标，忽略了学生的拼读能力对发音能力的影响。很多老师没有专门教发音，大部分发音知识只是在进行阅读和听力练习的时候一带而过。

（二）语音教学方法存在的问题

在教学方法上，大部分教师采用传统的听力教学法。这种语音教学方法比较枯燥，教师朗读、学生跟读，教师播放音频、学生听音频，学生没有独立练习发音的机会。

在这种教学方式中，教师作为主导，会影响学生的学习积极性，教师不能为学生提供完整的语言环境，不利于培养学生的发音意识。

（三）发音评估方法存在的问题

根据访谈得知，教师的发音评估方法很简单，即当学生在课堂上出现发音错误时，大部分老师直接纠正，以保证课堂的顺利进行。这种评价方式，会使学生在发音学习方面失去学习热情，产生害怕犯错等心理。

有学者认为，教师应确保孩子在学习过程中不会感到自卑。教师应鼓励学生帮助学生更好地实现他们的目标。在教学中,教师应采取适当的评价方法,而不是一味地直接指出学生的错误进行纠正。教师的评价方式会影响学生的发音能力的培养和他们对英语学习的信心。

八、学生的语音水平普遍存在差异

首先,学生在七年级入学时,英语的语音水平受小学阶段语音教育状况的影响,语音能力存在一定的差异。《义务教育英语课程标准(2022 年版)》指出,考虑到我国地域辽阔、民族众多、经济和教育发展不均衡的实际情况,各地可根据师资条件、资源配置等情况,制定本地区的课程实施方案……注意做好学段之间的协调和衔接,尤其要做好小学与初中阶段的平稳过渡,促进地区英语教育的均衡发展。显而易见,《义务教育英语课程标准(2022 年版)》强调了地区之间、学校之间、学生之间的英语学习差异性。这就是学情。

其次,不同于阅读、写作或者是听力教学可以用书面的形式固定学生的学习方式,学生的语音学习,除非借助电子设备,是不容易被记录的。由于受自身发声条件、语言天赋、母语迁移作用和方言等的影响,每个学生的语音问题都不尽相同。即使经过规范的初中语音知识学习,学生的语音发展水平也是不均衡的。而且,受学生学习积极性、学习态度和学习方法的影响,语音问题改进速度也不尽相同。所以,执教者应该认识到,在语音教学的所有环节中,学生都呈现千人千面的特点,语音水平普遍差异长期存在,语音教学不能一刀切。

九、语音教学不成体系是语音学习困难的主要原因

结合对学生的问卷调查、教师的访谈以及初中英语教材的研读和分析,笔者发现,初中英语语音知识分散、知识点多且零碎。部分学生

即使经过初中语音学习后，仍然不知道语音知识包括什么，误以为语音学习就是音标学习。目前江苏省使用的牛津译林版教材，其正文部分没有完整的语音学习体系，学生很难自行从课本上归纳语音知识重难点，更难总结出完整的语音知识体系。但是，这些琐碎的知识点，具有很大的积累和整理价值，是英语学习的基础。所以，在语音教学过程中，教师帮助学生归纳、整理细碎的语音知识，激发学生自主学习的能力，启发学生构建个性化的语音知识体系，就显得尤为重要。

十、超音段音位是语音学习的难点

从语音测试的结果发现，学生音标和单词等考查音段音位的部分得分比较高，但是句子、对话和段落这些考查超音段音位的部分得分较低，并且进步幅度很小。学生在连读、重读、弱读、同化以及节奏和语调方面掌握不好，而且问题长期存在。虽然教师都开展了涉及音段音位和超音段音位的语音教学，但是语音测试的结果却并不尽如人意。究其原因，笔者认为，主要是超音段音位的学习受母语负迁移影响较大。汉语每个词都是一个音节，一句话中每个词都要读得准确、清晰；英语则不然，说英语时强调一个一个的意群连贯，节奏感强，轻重分明，抑扬顿挫，一个句子，甚至一个词都有重读与弱读之分，从口中说出来的是语流，而不是一个个生硬的单词。执教者应该将超音段音位作为初中语音教学的重点和难点，通过优化教学方式、丰富操练模式来帮助学生突破难点。

十一、学生对语音知识不能学以致用

在研究中笔者发现，学生的语音学习不能做到学以致用。学好语音可以帮助背诵单词，但是在调查中笔者发现，有相当数量的学生并不是靠语音帮助背诵单词的。

（一）语音教学方式过于单一

在研究中笔者发现，教师常用的语音教授手段是归纳、总结、跟读、朗读、仿读、齐读等，主要是以讲和读为主，方法过于单一，学生很容易厌倦。

（二）语音教学方式抽象和刻板

老师在讲解音素时，学生对于相近音素的发音位置、口形大小、舌位高低等非常迷惑，教师的描述和市面上常见的舌位图不仅名称复杂且太过抽象，这就导致很多学生无法明确口腔内的发音位置，只能通过模仿进行发音。

（三）语音教学时间不能保证

笔者在研究中发现，语音教学通常是孤立于其他教学而单独存在的，没有融入日常教学中成为常态教学环节。语音教学的时间经常被其他教学内容占用，学生的语音操练时间经常处于严重缺乏的状态。

（四）缺乏丰富的语音操练形式和操练素材

笔者在研究中发现，目前初中英语的语音教学操练形式较为单一，读单词、读短语和读课文成了语音教学的主要操练手段。语音教学媒介比较传统，通常是播放 PPT、音频、视频。语音练习材料也比较传统，多以教材为主。

（五）语音评价方式需要丰富和完善

考试的指导性作用在初中英语教学中不可忽视。所以，要想提高教师、学生、家长对语音的重视程度，必须要优化语音评价方式，发挥考试在促进学生语音发展中的作用。

第三节　教学策略分析

一、为学生制定个性化的语音成长档案

学生的语音水平存在普遍差异决定了执教者在语音教学实践中不能一刀切,要一人一策。在学生入学时,执教者可为每个学生建立个性化的语音成长档案。执教者在集中教授音标和音节知识后,可对全体学生进行一次系统的语音测试,并根据语音测试对学生语音存在的问题在成长档案中进行记录,并在后续教学和评价中进行跟踪和检测。成长档案要及时进行更新,对学生经过练习克服了的问题予以去除,对后期具体语境中出现的语流和语调等问题及时记录更新。这样既可以避免学生因为重复学习造成对语音学习失去兴趣,也可以有的放矢地帮助突破学生语音难点。学生在克服一个又一个问题时,其学习英语语音的兴趣和热情会不断增加。

二、帮助学生构建语音知识体系

初中语音知识内容分散且零碎,但并不等于没有体系。建构主义学习理论认为,学习的意义源于建构。受教育者学习的过程,就是在自己已经掌握的知识体系上,对新的知识进行筛选、加工和吸收的过程,以此更新自己的知识体系。执教者应帮助和指导学生主动地去建构知识体系,鼓励学生在语音学习的各个阶段,自主地以多种多样的方式,从自己的认知角度来构建个性化的音标知识体系和语音知识体系。比

如，在起始阶段的音标讲授部分，执教者可以让学生自主构建音标知识树。让学生在构建音标树的过程中，自主地建立音素和字母的连接。学生通过对语音知识体系的梳理，可以做到看到字母就知道其在大部分单词中的读音，这将极大地提高学生音标的掌握水平，达到学以致用的目的。在构建语音知识体系时，教师应为学生创造交流和分享的平台，鼓励学生多交流讨论，让学生有机会分享自己所构建的语音知识体系。通过与他人的分享和讨论，学生可以超越自己的认识，更加全面深刻地掌握语音知识。

三、多种课型中渗透语音教学

在语音教学过程中，单一的理论讲授只会让语音课堂变得枯燥乏味，教师要注重理论和实践相结合，创设贴近学生生活的语音练习情境。教师要在课堂教学中创造更多的机会让学生在所创设的情境中表达和交流，要将语音教学渗透到多种课型中去，把语音教学与听力教学、口语教学、阅读教学、写作教学相融合，使语音教学方式变得丰富多样、生动有趣。

（一）语音教学与听力教学的融合可以采用趣味听音的方式

教师可以选取英文电影、歌曲、歌谣、演讲中接近学生知识水平的片段，这些音视频材料趣味性强，容易激发学生的学习兴趣。教师根据视频材料，可以引导学生先听，听过再去感受。听是语音学习的重要方法之一，在听的过程中，学生会发现有听不太懂的地方，教师可以引导学生关注文本，帮助学生找出没能听懂的原因。然后，再次播放材料，让学生反复感知，从而找出自己在语音中存在的问题，模仿正确的读音。

（二）语音教学与阅读教学的融合可以采用加强朗读练习的方式

英语朗读是英语课堂教学的主要方式，也是提高语音水平的重要途径。学生通过朗读，可以掌握基本的语音、语调、句子的重读、意群的划分，以及节奏的快慢等。学生在朗读的过程中，还可以获取大量的语言信息，这些信息又促使学生有意识或无意识地发现并及时纠正语音错误。教师在授课过程中，应尽可能提高朗读练习的趣味性，可以从丰富读的方式和读的材料两个方面进行。从丰富读的方式来看，可以采用快读、缓读、放声读、轻声读、分组朗读、接龙朗读、角色模拟朗读和表演朗读等方式。在学生适应多样化的朗读方式后，教师可以适当引入竞争机制，对学生朗读的部分进行录音，通过同学们的互评和师评选出优胜者。这样可以极大地激发学生的朗读兴趣，避免语音教学陷入枯燥。从丰富朗读材料方面来看，可以让学生学唱英语歌曲，读英语歌谣、英语绕口令，还可以进行英语电影配音来加强练习。教师除了在课堂上进行朗读指导之外，还可以在课外通过组织多种活动来强化学生的朗读能力训练。如组建朗读小组，使同组学生之间相互督促，促进学生坚持进行朗读训练；每天布置朗读作业，认真抓好朗读任务的落实、检查与评分；充分利用早自习的时间，使学生的每天阅读成为常态，并对学生该读什么、怎么读给予指导。教师如果能成功地引导学生体验并运用朗读技巧坚持阅读，将会帮助学生打好坚实的英语基础。

（三）语音教学和语法教学的融合见之于细节

在时态语法教学中，教师可以在讲授动词变过去式、过去分词和现在分词形态时，强化语音知识中重读音节和开闭音节的概念；在讲授形容词、副词的比较级和最高级的形态变化时，强化单音节、双音节和多音节的概念；在讲授名词的数时，可以结合复数的读音讲授音变现象，以及以元音音素开头的单词前要加 an 的用法。总之，语法里处处能找到语音的身影，语法教学和语音教学相辅相成。

总之，教师可以将语音教学融入各个单元的各种课型中，让每个单元的每节课都有明确、精准的语音教学目标，让语音教学真正融入日常教学中。

四、帮助学生树立从错误中进步的意识

语音习得的过程就是不断犯错误的过程。错误分析理论告诉我们，学习的规律通常是通过分析错误得来的。教师在英语教学中借助错误分析理论，不仅能够发现和总结学生在语言习得中出现的错误，并了解产生错误的原因，而且能够推断学生学习过程中可能碰到的困难，从而采取有效措施加以改正。教师要调整教学策略，并提高教目标的针对性，从而提高语音教学的整体质量。在英语课堂上，口语交流中发生错误是不可避免的，但是有些学生由于讲究面子，怕被别人指出错误，不敢开口，从而阻碍了口语能力的发展。另外，教师对待学生所犯错误的态度和处理方法，也直接影响学生的积极性和情感体验，进而影响英语教学效果。教师应该鼓励学生敢于表达、不怕犯错，留给学生总结经验的时间，并积极纠正学生的错误，保护他们的自尊心，提高他们的自信心，帮助他们培养在错误中成长的学习品质。

五、健全语音测试和评价体系

笔者在研究中发现，要想从根本上提升学生的语音水平，改变现行的语音评价方式是关键因素之一。

（一）从注重结果性评价向注重过程性评价转变

结果性评价是指对课堂教学的达成结果进行恰当的评价，是在教

学活动结束后为判断其效果而进行的评价。在语音教学中，通常表现为在期中测试或者期末测试时进行语音测试。过程性评价是指对事物的发展过程进行动态的评价。具体到语音教学中，体现为对学生日常语音学习过程中的表现、所取得的进步和所反映出的情感、态度、策略等方面做出的评价，这需要教师对学生学习的全过程进行持续观察、记录、反思。过程性评价可以使学生从被动接受评价转变成为评价的主体和积极参与者，可以在语音学习过程中不断激励学生，帮助学生有效调控自己的学习过程，使学生获得成就感，增强自信心，养成良好的学习习惯。

（二）丰富语音教学评价方式

长期以来，评价实施者通常都是由教师来扮演，如果让学生成为评价主体，将极大地调动学生的学习自主性。如，可以将学生个体自评、同伴互评、组内竞赛和平时的语音练习成绩等都纳入语音评价体系中。在进行非教师评价时，对于等级标准的评定可以采用比较宽泛的形式，可以是描述性评价，也可以是等级评定，甚至可以是次数累计。教师在学期末可以将所有的评价成绩进行统一汇总，纳入终结性考试成绩。丰富教学评价方式，不仅可以激发学生学习的积极性，还可以培养学生的自主学习能力和合作精神。

六、提高教师自身语音素养和教学能力

教师是学生语音学习的领路人。学生在语音学习中从输入到输出的所有环节，教师都是他们的第一范本。所以，教师需要不断丰富自己的语音理论，完善语音知识体系，提升自己的语音水平。教师也要积极参加培训，多观摩、多学习，不断提高自己的教学水平。教师还应该积极参与实践，在实践中不断探索和总结更科学、高效的语音教学方式。

英语是一门有声语言，英语教师拥有良好的语音面貌可以让学生体会到英语语言的优美，也有利于学生的语音学习。

七、完善学生语音知识体系

首先，教师要针对学生英语语音学习中出现的问题进行语音教学。调查结果显示，学生在语音方面出现的问题主要集中在音标的拼读规则，读音时的语调、节奏、重读等方面，教师要针对不同的教学阶段确定不同的教学内容、制定不同的教学目标。初中语音教学的内容主要是语音的听与说，教师依据初中生的身心发展特点，在实际的听说环境中进行语音知识的片段教学，其效果应该更好。初中语音教学目标应该为，学生能够正确地感知语音发音变化，准确地模仿标准英语语音发音，教师要在能够提高学生学习语音兴趣的环境中进行语音知识的教授。

其次，教师要针对有不同语音问题的学生，进行个性化的英语语音教学。每个学生的语言天赋都有所不同，在语言习得的过程中，不同的学生具有不同的语音识别、发音模仿的能力，加上学生受母语负迁移的影响较大，这些因素导致了每个学生的学习难点都不一样。因此，教师要整体了解学生的学习难点，并进行总结归纳，从而有目的地进行语音教学。

最后，教师要在语音教学中进行有意义的、大量的、多样的实际操练。在英语语音学习中，教师不仅要完善学生的语音知识体系，还要将这一体系牢固地镶嵌在学生的脑海中，这就需要学生进行大量的操练以实现知识的强化。教师在学生进行语音操练时要注意以技能训练为主、知识讲解为辅，让学生进行自觉的语音模仿，勤于实践。语音教学应该侧重于教学末尾阶段，在教完语音知识理论后，以实际句子为基本单位进行语音教学，从而使学生在语流中掌握语音知识。

八、弱化应试教育观念

口语是语言的外在表现形式，在日常生活中口语的使用频率远大于书面语。虽然说话的内容很重要，言之有物是交际活动必须遵守的原则，但是标准的语音是保证沟通顺利的前提条件。我国的应试教育主要注重书面语的表达，在初中英语考试中对语音的考查微乎其微，在此背景下，学校和教师要转变对英语语音的教学态度，重视英语语音教学，提高学生英语语音的实践能力，构建合理的英语语音教学，显得并没有那么重要。然而，合理的英语语音教学应该是对学生的表达能力与书面能力的双重提高，而不是仅仅将教学的重点放在书面能力的培养上。教师要努力弱化应试教育的观念。表达能力不仅是指“说”的能力，同时还暗含着“听”的能力。分析一下婴儿学会母语的过程，在开口说话之前，有一个很长的潜移默化的学习过程，那就是不断地从父母那里获取语言信息。与之相似，英语的学习也是这样一个过程，先要有语言的输入，才能完成语言的输出。这就意味着教师要提供给学生大量的语音知识输入，让学生去辨识听到的每一个音，并在大脑中加工形成对这个音的记忆，最后才能实现理解。所以，听的准确性是十分重要的，每一个音的理解失误都将影响后期的交际效果。所以，构建英语语音教学的第一步就是，教师要对学生进行一定量的语音素材“听”的训练。在训练过程中，老师可以从语音的小单位到大单位，即从音素到语篇进行训练。只有将语音中的每一个音素的标准发音听到耳熟能详，后面的训练才会变得顺利。学生对听到的内容达到一定的熟练程度时，就会自然而然地将其表达出来，这就是为什么当用英语对学生说“Good morning!”和“How are you?”时，学生会很自然地回复“Morning!”和“I' m fine!”的原因。大量的语音语句的输入，将使学生对其越来越熟悉，并将这些知识内化于自己的大脑中，适时脱口而出。教师还要让学生对听过的语句进行听音模仿，也就是学别人说话。“说”的训练可以让学生在课余时间完成，在这一过程中不能仅仅边听边说，还要要求学生在模仿说话时将自己的声音记录下来，以便说完之后将自己的语音与标准的语音进行对比，找出差异，逐个改正。

教师还要注重解决学生的语流层面的问题。教师应要求学生在模仿时，不仅要模仿正确的发音，还要模仿正确的语调，掌握英语语音的节奏，学习连读、重读、弱读等相关语音知识。英语语句的时长受到语句中重读的多少等因素的影响，这就是我们在听英语母语者说话时觉得非常快的原因。

九、提高教师的语音教学意识

教师应把语音教学放在英语教学的重要位置。学校层面要正确认识语音教学的重要性，组织教师认真学习《义务教育英语课程标准(2022 年版)》中的语音教学要求，要求教师在英语教学中平衡语音教学和语法教学的关系。

学校要组织教师积极研究初中英语语音知识体系，制定切实可行的教学计划，帮助学生提高英语发音水平。

在教学中，教师应适时穿插语音知识，帮助学生同时掌握语法和语音。关于语音教学的时间，教师在每个单元的教学中可以利用两个课时进行系统教学，应尽量使语音教学内容系统化。在语音教学内容上，教师应将超音段音素教学与音段音素教学相结合，让学生在获取音标知识的同时，形成规范的读音和语调意识。在教授学生学习策略时，教师可以经常使用归纳比较法，以帮助学生构建有用的发音知识框架，提高英语发音能力。

十、丰富语音教学方法

（一）演绎归纳法

“授之以鱼不如授之以渔”。教师的职责不仅是要教给学生知识，更重要的是要教给学生学习的方法。在初中英语语音的学习过程中，学习语音知识固然重要，但是学习到语音的规律才是学习语音的重要方法。演绎归纳法是初中英语语音教学最常用的方法之一。教学第一步：比较理解。以学习闭音节时五个元音字母中的含有 e 的单词 bed，pen，desk，egg 为例。首先教师要给学生播放标准的发音，让学生在听音的过程中寻找规律；然后让学生自己尝试模仿标准发音，在自己读出 bed，pen，desk，egg 的发音时，教师要求学生对其进行比较，并举手发言说出自己的看法。教学第二步：类比归纳。教师随即列出两组含有 a 和 i 的单词，以相同的方式让学生进行比较，并从中理解和找出发音的规律。

（1）a：bag，plan，sad，dad，hat.

（2）i：fish，big，drink，sit，milk.

教师可以先让学生进行小组讨论，然后总结：在重读闭音节中，e 的发音为/e/，a 的发音为/æ/，i 的发音为/ɪ/。

（二）游戏教学法

根据儿童的身心发展特点，初中阶段的学生具有乐于表现自己、好动、好奇心强等心理特点，因此，教师要根据学生的这些特点，激发学生的学习兴趣，提高学生在课堂上的注意力。在英语语音教学中，常见的游戏教学法有：dragon（接龙）、听音摘字母、找对子、我说你做、摸鼻子等。以听音摘字母为例，教师在教完相近音的字母或单词时，可以将组合成单词的字母做成卡片贴在黑板上，在班级中选择一个记分员，将全班学生分为六组，每组请一个学生上台，教师随机读一个学过的单词，看谁最快摘到这个单词的组成字母，摘到一个字母得一分，最后看哪一组的得分最高。这个游戏可以训练学生的单词记忆能力和快速反应能力，同时，组内学生能够互相帮助，培养学生的协作能力。学生在游戏中为了能够摘到更多的字母，就会努力记忆单词的发音和拼写，从而提高学习语音的兴趣。

（三）从教授音标入手，铺垫语音教学

音标是语音教学的重要组成部分，我们要教授给学生什么是音标，以及音标的作用。同时，要让学生正确地熟记每一个音标，并区分记忆。老师要巧妙地设计教学方法，将杂乱无章的英语音标逐一教授给学生。教师在教学时，可以将音标分段分步骤地教授给学生。教师可以先教授辅音音标，因为辅音音标大多都和字母或者拼音音形一致，相对简单。然后再教授元音音标。教授元音音标时，可以结合辅音音标巩固教学。这样一来，学生在系统的理论学习和实践结合后，就会比较容易掌握知识、学会学习方法。

（四）罗列新旧词汇，发现并掌握规律

教师在教授语音知识时，可以对相关的词汇进行全方位的检索和罗列。教师可以利用已学词汇作为语音学习的铺垫和媒介，再结合新学习的语音知识，让学生对陌生的词汇进行拼读。必要时，教师可以对较难或者特殊的语音现象进行点拨。这样一来，学生能够举一反三，真正掌握和巩固语音知识。这样的教学方法，符合学生的认知规律，且做到了新旧知识融合，以及理论联系实际。

（五）创编口诀歌谣，强化规律记忆

在实际教学中，很多老师一般只用所谓的规律进行强化和巩固语音新知。这样的教学方式不适合所有的知识点,也不符合每一个学生的学习特性。单一的教学方法也会使学生对语音学习产生厌倦情绪,从而影响学习效率。教师可以将知识点串联成比较押韵的口诀,或是将总结性的文本配上学生耳熟能详的歌曲,让学生愉快地唱出来。这样的教学模式会受到学生的喜爱,也能激发学生的学习兴趣,同时对于学生记忆语音规律意义长远。

（六）语境结合规律,提升学习效率

为了进一步革新教学理念、提升教学效果,教师可以将语音和绘本相结合,在完整的语境中渗透语音知识。教师可以采取循序渐进的形式,在不同板块、不同情节中设置不同的任务,从而让学生发现知识、巩固知识,并进行知识的总结和对比。

十一、合理分配教学时长,科学使用评价体系

根据初中生的注意力集中特点,学校设置的每节课的时长是 40 分钟。教师要在短短的 40 分钟之内完成制定的教学目标,时间还是很紧张的。因此,在课前,教师要规划好教学内容,合理分配教学时长。语音与词汇和语法一样,都是语言学习不可分割的一部分,教师在注重词汇与语法教学的同时,也应该将时间适当地分配给语音教学。如在前 15 分钟先进行语音知识的讲解,之后再进行词汇与课文的讲授。这样,学生不仅接触到了语音知识,也可以在后半节课的词汇与课文的学习中正确地使用语音朗读词汇与课文,在朗读中对语音知识进行巩固。由此做到语音知识与词汇、语法知识的教学相互促进、相辅相成。

十二、收集语音教学资源,充实语音教学内容

初中英语教材中语音知识不集中,没有专门的语音教学板块,这会

首先导致教师对于语音教学没有明确的目标,《义务教育英语课程标准(2022年版)》中要求达到的语音知识目标也无法完成。其次,初中语音教学的初步内容一般都是英语国际音标,但是由于国际音标的教学内容在教材中分布散乱,这就会导致即使学生学习了国际音标,在记忆中也不会形成系统的音标知识架构,不能形成有序的记忆。加上课本中也没有关于音标知识的练习题,学生学过的知识也会被很快遗忘。因此,教师在制定教学目标和教学计划时,要将语音教学内容考虑进去,整合教材中的语音教学资源,将教材中的语音知识构建为一个有规律可循的系统。

除此之外,教师要积极地寻找教材以外的语音教学资源,并将这些教学资源与教材中的内容相结合,以满足语音知识的教学需求。语音是语言的外在表现形式,要通过发出声音才能学好语音。因此,语音教学的内容不能过于单调枯燥。根据初中生的认知规律和特点,语音教学内容应具趣味性,教学形式要多样化。学生更容易接受在自己认知范围内的知识,所以,教师可以将语音教学内容生活化,使语音教学内容更贴近学生的日常生活。

十三、语音操练的有效方式

(一)口部操

1. 发音器官训练

(1) 嘴唇:咧唇噘唇(训练展唇、圆唇用到的肌肉群)10下;咂唇(放松嘴唇)10下。

(2) 舌:绕舌(主要训练舌身的稳定性)10圈;打舌(训练舌尖的灵活性)。

(3) 下巴:咬苹果(训练开口度)。

(4) 气息:胸腹联合式呼吸训练(快吸慢呼发延长音,注意音高一致、气息要稳)。

2. 练声、绕口令、韵文

(1) 练声:多读、多说、多听、多用。对着镜子大声读、说,注意自己的口形。平时多听英语录音,即磨耳朵,多用英语和同学、老师交流,提高英语的口语水平。

(2) 绕口令:通过反复朗读拗口的绕口令,可以矫正学生的发音部位,使学生的发音器官更加灵活,有助于辨音和发音。

(3) 韵文:通过韵文说唱,可以使学生在有节奏的视听中整体感受字母的发音。

(二) 可视化标注

多听、多模仿对于英语语音的训练是不够用的,还需要系统性的、显性的语音知识学习,构建外语范畴。充分利用语音分析与标注,就是显性语音知识的表现之一,也是提升模仿有效性的途径之一。

第四章　自然拼读法在初中英语语音教学中的运用

第一节　自然拼读法的概念及理论基础

一、自然拼读法的概念

《牛津词典》里对自然拼读(phonics)的定义是:a method of teaching people to read by correlating sounds with symbolsin an alphabtic writing systcm,即一种通过将字母书写系统中的符号和声音建立联系来教你阅读的方法。《朗文当代英语词典》将自然拼读法定义为:a method of teaching people to read in which they are taught to recognize the sounds that letters represent,即一种通过辨识字母所代表的读音来教人阅读的方法。自然拼读法的目标是使学习者能够通过拼出拼音的拼写方式对新的书面单词进行解码。这是一种在英语国家(地区)使用的学习方法,学习者通过学习26个字母和单词中字母组合的发音规则,建立字母之间的关系、字母和发音的组合。当学习者看到字母时,他们就可以轻松识别它们以及它们代表的发音。逐渐地,当看到字母或字母组合时,学习者就会立即发音。自然拼读法的核心是将英语口语发音与字母组合联系起来。

二、自然拼读法的理论基础

(一)行为主义理论

行为主义学习理论称,学习是基于习惯形成的,并且是由刺激与反应的反复关联引起的。语言学习作为人类通过自动条件作用过程获得的一种反应模式,其中有些语言模式被加强,有些却没有,只有那些被加强的语言群才能持续存在。自然拼读是利用字母与字母之间的发音关系,建立音素、字母与字母组合之间感知的系统的语音教学。其字母以及字母组合是有固定发音的,学生复习和学习新发音的过程,就是对字母以及字母组合的语言群加强的过程。自然拼读在拼读过程中强调重复和练习的重要性,符合行为主义理论要义。

(二)建构主义理论

建构主义最早是由皮亚杰提出的。他认为,知识并不是别人传授的,而是由学生利用外界的帮助,比如教师、同伴、资料等通过意义构建而得来的。建构主义学习理论指出,学习者会积极地建构知识,并通过联系先前的知识来学习新知识。如果学生们不能以有意义的构建方式将新知识与旧知识联系起来,他们可能会死记硬背,可能不会真正了解自己正在学习什么。

自然拼读法能够使学生借助已有的字母发音和词汇知识，对所接触的新的单词进行发音建构，并且使学生实现从学习到学会学习的跳跃式发展，是适合学生的教育方式。

（三）语言迁移理论

语言迁移理论是指在学习第二语言的过程中，利用母语的发音、词汇结构和规则、表达习惯等现象进行迁移的过程。这种迁移包括正迁移与负迁移。当两种语言的相关结构相同时，第一语言的干预会促进第二语言的发展，称为正迁移。反之，第一语言对目标语言发展的干扰，称为负迁移。

对于中国学生来说，拼音极大程度地影响着第二外语的学习。拼音对英语语言学习的积极与消极作用并存。首先，汉语拼音与英语音素有相似之处。英语中共有 48 个音素，分为元音音素和辅音音素，其中元音音素有 20 个，辅音音素有 28 个。元音音素约同于汉语拼音的韵母，辅音音素约同于于汉语拼音的声母。其次，英语中大多数的辅音与汉语拼音中的声母发音相似。英语辅音音标有：/p/、/b/、/t/、/d/、/k/、/g/、/f/、/v/、/s/、/z/、/θ/、/ð/、/ʃ/、/ʒ/、/tʃ/、/dʒ/、/tr/、/dr/、/ts/、/dz/、/m/、/n/、/ŋ/、/h/、/l/、/r/、/j/、/w/。从辅音音标中可以看出，很多音素的发音与汉语拼音有对应关系。例如：英语音素“f”——汉语拼音“f”；英语音素“p”——汉语拼音“p”；英语音素“t”——汉语拼音“t”；英语音素“k”——汉语拼音“k”；等等。有学者指出，汉语拼音中与英文字母共计有 23 个发音相似。其中，有 15 个声母与英语辅音音素发音相似，有 8 个韵母与英语元音音素中的 13 个音素相似。因此，通过拼音类似发音的正迁移，学习者就可以轻松学习单词的发音。

但是，拼音对英语语言学习也具有干扰性。比如/ŋ/，在汉语拼音中既找不到相似音也找不到替代音。

（四）关键时期假说

关键时期是指生物体生命中的某个时期,在此期间某些外部条件对生物体的影响要大于其他时期。对语言习得关键期的研究历史悠久。

关键时期假说认为,10 岁以前是语言学习的最佳年龄。儿童的语言学习与大脑的发育有关,并且人类的大脑在 10～12 岁之前都是可塑的。青春期后,大脑逐渐成熟,神经系统对大脑语言系统的刺激越来越少,因此学习语言变得越来越困难。关键时期理论不仅适用于第一语言教学领域,而且还适用于第二语言教学和外语教学领域。儿童在学习语言方面比成人具有许多优势,他们对新事物感到好奇,并想模仿它们。在这一阶段,针对儿童的系统的纯语音教学将有助于培养他们的语言意识。初中学生一般在12～15 岁之间,这是对语言最敏感的时期,也是奠定坚实的学习基础的最佳时间。

（五）整体语言教学理论

整体语言教学理论倡导以儿童为中心的自然教育理念,倡导课程整体观。整体语言教学倡导儿童在学习语言时,使用多沟通、多交流的方式,教师应营造轻松的课堂氛围。教师与学生交流,不仅可以共享信息,还可以使学生轻松掌握语言。在整体语言教学班中,教师不必将自己局限于语法结构中,只要学生能够理解,教师就可以通过肢体语言、小组活动等方式帮助学生理解。英语是沟通的工具,在整体语言教室中,孩子们沉浸在各种句子模式和提问中。儿童是通过情境体验语言,而不是语法,也就是说,他们在特定的上下文中会体验特定的词汇和结构。这也是我们在运用学习母语的方式,去学习第二语言。

三、自然拼读课堂教学的优势

（一）借助自然拼读，初中生能够准确发音与拼读单词

自然拼读最大的优势就是不需要学生另外进行英语音标的学习，只需要通过字母以及字母组合的发音进行拼读，就能够准确发音。在学习自然拼读法之前，学生已经具有一定程度的语音基础，即母语中汉语拼音的发音，因此，教授自然拼读比教授音标更加容易；学生的课前预习也只需要复习巩固字母的发音，省略了查词典、音标等烦琐的步骤。

在传统的英语语音学习中，学生经常会通过视觉记忆或者僵硬地背诵来掌握新单词的发音与拼读，这很容易导致视觉错误感知和遗忘。因此，教学中不应该仅着眼于字母发音，而应同时关注音素的分解和整合。对于单个音节单词，学生可以直接读出单词；对于多个音节单词，学生可以尝试跳音节读出整个单词。从初期有一个或者两个音素的单词开始拼读，慢慢到三个或四个音素的拼读，教师要对学生加强听音找词、单词分类、音素合并以及分解等训练。在教学实践中，可以利用小组合作的方式互相监督、帮助总结语音规则并加以应用。

（二）自然拼读能够帮助初中生提高英语语言表达能力

自然拼读的教学不仅仅是针对单词的发音与拼读，最重要的是把语音意识训练纳入教学范围，培养学生的语音意识，最终提高他们的语言表达能力。语音意识的培养只依靠教师教授是不可能完成的，教师要注重提高学生本身的学习动机与内驱力，从学生的问卷调查和访谈分析来看，自然拼读的学习使大部分学生的英语学习态度发生了转变，学习的自觉性和积极性得到提高，学生很享受自然拼读带给他们的学

习乐趣。无论是单词拼读还是语音意识的培养，最终目的都是进行语言的交流表达。在语音整合教学中，自然拼读的简单易学加上教材中诗歌本身带有特点，使课堂气氛愉快而轻松。学生对于拼读英文单词、开口说英语变得非常有信心，他们不再害怕说英语，并且能够积极参与教学活动中的每一个步骤，他们喜欢大声诵读，乐于向他人展示发音并表达观点。因此，以学生为主导的课堂教学应运而生，自然拼读是学习手段，小组合作是学习方式，教师是监督者，主动大胆开口说英语是英语学习的终极目标。

第二节　语音教学中对自然拼读的影响因素

一、教师方面

（一）对自然拼读认识不到位

笔者对教师对于自然拼读法的了解情况和重视情况进行了调研，结果见表4-1。

表4-1　教师对自然拼读法的了解情况和重视情况相关调查数据

（单位：人）

调查项目		组1	组2	组3	合计
您对自然拼读法的了解情况	不了解	4	0	0	4
	了解一点	3	8	0	11
	比较了解	0	5	1	6

表 4-1(续)

调查项目		组 1	组 2	组 3	合计
您认为初中阶段自然拼读法是否重要	不太清楚	3	4	0	7
	重要	0	8	5	13
	非常重要	0	0	1	1

从表 4-1 中可以看到,21 名教师中有 4 位教师对自然拼读法不了解,4 位教师对自然拼读法仅了解一点。有 13 位教师认为自然拼读法重要;有 1 位教师认为自然拼读法非常重要;有 7 位教师对自然拼读法的重要与否不太清楚。在访谈中得知,教师们认为自然拼读课仅是含有相同字母或字母单词的词汇课,并未认识到自然拼读课的学习可以帮助学生有效记忆单词及促进阅读,教师们对自然拼读课的重要性上整体认识不到位。

(二)对自然拼读课目标定位不准

笔者对教师对于自然拼读课词汇的教学要求情况进行了调查,结果见表 4-2。

表 4-2　教师对自然拼读课词汇的教学要求调查情况

(单位:人)

调查项目		组 1	组 2	组 3	合计
您对自然拼读课词汇的教学要求	听、说、读	2	3	0	5
	听、说、读、写	4	6	3	13
	听、说、读、写、拼	0	2	1	3

由表 4-2 可知,把自然拼读课的词汇按照听、说、读“三会”要求教学的有 5 位教师;把自然拼读课的词汇按照听、说、读、写“四会”要求教学的有 13 位教师;仅有 3 教师对自然拼读课的词汇按照听、说、读、拼、写的要求进行教学。由于教师对学生教学目标的要求不一,导致课堂教学、复习和作业布置的要求也都有所差别,多数停留在听、说、读和听、说、读、写上,很少运用自然拼读法进行词汇的拼读教学。大多数教师只是把自然拼读课当成有相同字母或字母组合的词汇课进行教学,对自然拼读课的目标定位不够准确。

(三)对自然拼读教学材料的整合与再创能力不足

牛津译林版英语教材中有关自然拼读的内容多为字母或字母组合的目标词汇,听音圈单词,听音写单词,配有图片的歌谣等。根据教材安排,语音教学流程包括学习字母或字母组合的发音,应用拼读规律使学生做到见词能读、听音能写,最后通过歌谣进行拓展运用。根据对教师的访谈了解到,教师多按照教材安排的顺序进行教学,很少整合教材内容,如变换教学内容的顺序,或者补充教学资源进行语音的拓展应用等。当没有搜索到合适的教学辅助资源时,21 名受访教师中只有 1 位教师根据教学内容进行自编简易歌谣并配有伴奏开展教学。由此可见,教师们资源整合再创意识不强,极少能在实际教学中体现。

(四)教学方法单一,载体利用有限

根据对教师的访谈了解到,在促进单词记忆方面,教师多是运用多媒体呈现单词,提炼出相同的字母或字母组合,并总结出发音规律,让学生进行跟读。对于学生不太熟悉的词汇,教师多是先讲授发音规律,再拼读单词;对于学生熟悉的目标词汇,教师多是先呈现词汇,再提取发音规律。大部分教师不会采用先总结字母或字母组合的发音,再认读、拼读单词的教学方法。而且,教师对于发音规律多是以教授为主,很少有教师让学生自主探索、总结音形对应关系。在拼读规律的操练环节,教师的教学活动设计不够多样,多是采用教师示范读、学生跟读的方式,很少设计有趣的教学活动,课堂气氛不够活跃。在拼读规律的输出环节,教师多选用教材配套的听音圈词和听音写词的方式,偶尔设计拼读环节让学生拼读输出更多符合发音规律的词汇。在促进阅读启蒙方面,多数教师只是运用教材中的歌谣,过程多为简单的跟读。有个别教师会选择绘本或者图画书,让学生注重图文匹配,根据图片信息启发学生阅读、输出文本,注重引导学生运用拼读规律认读生词。也有个别教师会选择有节奏的韵文材料,并配有简单的伴奏,让学生吟唱,活跃课堂气氛。但总体来讲,教师多是按照教材安排的内容进行教学,方法手段比较单一,没有充分利用多种资源补充教学。

二、学生方面

(一)对自然拼读课的兴趣不足

笔者对学生对于自然拼读课的感兴趣情况进行了调查,相关数据见表 4-3。

表 4-3　学生对自然拼读课的感兴趣情况

学生对自然拼读课的感兴趣程度	占比/%
不喜欢	12.10
一般	50.81
喜欢	37.10

由表 4-3 可知,37.10%的学生对自然拼读课表示喜欢;有 12.10%的学生对自然拼读课表示不喜欢。兴趣是最好的老师,是推动学习者主动学习的最大动力。对初中学生来说,只有精彩、趣味的教学活动,才会更好地调动起他们的学习兴趣。这就需要教师根据教学内容,充分考虑学生的年龄特点和认知特点,设计丰富有趣的教学活动,从而促进教学,提高学生的学习兴趣。

(二)在自然拼读的学习上缺少拼读过程

笔者对学生对于自然拼读课的课前预习和课后复习情况进行了调查,相关数据见表 4-4。

表 4-4　学生对自然拼读课的课前预习和课后复习情况

学生对自然拼读课的预习和复习情况		占比/%
课前预习情况	只听不说	46.77
	以听为主、说为辅	51.61
	尝试拼读	1.62
课后复习情况	死记硬背	38.71
	抄写	45.97
	拼读试背	15.32

自然拼读课中呈现的多是较为容易和难易适中的词汇,目的是让学生对单词进行解码,通过拆分再组合并进行拼读的方式,建立起字母或字母组合和发音之间的音形关系。这就需要学生在预习阶段找到相同的字母或字母组合,根据已学的单词的发音,总结相同的字母

或字母组合的发音，并尝试解码后拼读。同样，复习时也需要根据单词的解码方法将单词拆分后拼读，巩固规律，同时可以根据自然拼读的发音规则，认读更多符合发音规则的词汇。然而，由表 4-4 可知，在预习阶段，124 位学生中有 98.38％的学生只听不说或者以听为主、说为辅，只有1.62％的学生会尝试拼读；在复习阶段，分别有 38.71％和 45.97％的学生通过死记硬背或抄写的方式记忆目标词汇，仅有15.32％的学生会根据学习的发音规则进行拼读词汇、记忆词汇。因此可知，绝大多数学生并没有运用自然拼读规则解码单词进行词汇的学习和记忆。

第三节　自然拼读教学策略与方法

一、情境教学策略

（一）基于教学目标进行情境创设

教师要想合理有效地进行情境创设，就需要对教学目标有准确的定位。教学目标是指通过教学，使学生在知识、能力和情感态度上所要达到的水平。

《义务教育英语课程标准(2022 年版)》要求，自然拼读课在知识方面要达到能够根据拼读规则，拼读出简单的单词。根据语言习得基本理论，语言知识的学习需要足够的可理解性输入。输入是指学习者通过听或者读而接触到语音材料。输入的信息必须内容适当，信息量必须足够且不超过学生的理解水平。这需要教师为学生创设语音拼读环境，使输入的信息能被学生所理解和接受，并且能够在情境中感知语言、理解语言材料。因此，在自然拼读课堂中，教师需要通过足够的、恰当的可理解性输入，让学生在情境中、在潜移默化中，通过多方面接触语音，逐渐掌握自然拼读规则，从而能够进行单词的认读和拼读。

《义务教育英语课程标准(2022 年版)》要求，自然拼读课在能力方面应该定位在应用层面，即让学生能够运用拼读规则，认读单词、阅读文本。根据发现学习基本理论，语言输出可以帮助学习者发现自己在语言使用中存在的问题，进而更加有目的地关注相关语言输入。

语言输出可以表现为口头输出和书面输出。教师在自然拼读课的口头输出中，可以选择让学生根据拼读规则拼读出符合规则的单词，实现“见词能读”的目标，进而使学生能够独立阅读小文本进行语言知识的输出。在书面输出方面，教师可以选择让学生听录音并根据拼读规则书写听到的单词，实现“听音能写”的目标，进而使学生能够运用英文进行语言文字的输出，以及传递信息、表达想法。因此，在教学过程中，教师需要创设情境设计多样的产出性活动，包括设计说和写的活动，让学生通过对语言的应用来发现问题、解决问题，并最终掌握语言。

根据情感学习基本理念，语言的学习不仅是认知发展的过程，更是情感的体验过程。当学习者有求知的欲望时，才会应用其已有的认知能力学习知识。因此，教师需要设计符合初中生年龄特点及身心发展特征的情境，激发学生的求知欲，让学生愿意主动参与课堂活动，通过不断地体验成功、体会学习英语的乐趣，最终形成良性循环。

（二）基于学情进行情境创设

1. 教师应充分考虑学生的年龄特点

学生的学段不同，其智力发展水平和学习风格也不尽相同。初中阶段的学生年龄多在 12～15 岁之间，他们的思维仍需要具体事物的支持。随着学生年龄的增长，他们在课堂上注意力集中的时间也相应变长，吸引他们注意力的兴趣点也会发生改变。因此，教师在创设情境时,应结合学生的年龄特点进行教学设计。针对不同学段的学生,需要选择不同的情境创设方式。对于低年级学生,教师可以通过实物展示、视频、音乐等吸引学生的注意力,创设核心语音学习的情境;对于中高年级学生,教师可选择的方式更为多样,可以通过角色扮演、创编表演对话或故事等,应更注重培养学生的语音知识运用能力。

2. 教师应充分考虑学生的认知水平

学生的认知水平虽然存在个体差异,但处在同一年龄段学生的认知水平大致相同,教师可以通过课堂上的问答以及课下的测验了解学生的认知情况。学生已知的内容是影响学习的重要因素。因此,教师在教学之前需要激活学生的已有知识,可以通过组织学生复习、预习等方式为学习新知识做准备。教师需要充分考虑学生的既有知识,并结合教学内容,为学生提供连接新知与旧知的桥梁,促进学生新知的学习。教师为学生创设的情境不宜太简单或太难,只有把情境创设在学生的"最近发展区",即创设略高于学生认知水平的情境,学生才能在不断地同化和顺应中建构新知。

3. 教师应充分考虑学生的既有生活经验

教师创设的情境只有与学生的生活实际相关,才能引起学生共鸣,调动学生的学习积极性,使得学生积极参与到学习情境中。考虑学生的既有生活经验,并不是照搬简单的生活场景,而是要通过学生熟悉的场景激发学生的想象力和求知欲,使学生能够拓展思维、主动学习。

(三)综合多种素材进行情境创设

初中生对形象生动、色彩鲜艳的图片感兴趣,运用图片资源能够快速唤起学生的既有知识。因此,教师可以通过形象生动的卡通图、直观的简笔画或者能还原某个学习场景的挂图进行情境创设,激活学生的已有经验,唤起学生的求知欲,让学生对本课的学习情境有整体的感知。

初中生具有活泼好动、爱唱爱跳的特点，节奏明快、韵律感强的音乐很容易将学生带入英语语言学习情境，激发学生的学习兴趣，提高学生的学习积极性。教师可以选择学生熟知的儿歌，或者运用儿歌的旋律结合已学知识进行歌曲创编。在自然拼读课堂的热身环节和巩固操练环节，教师可以运用歌曲创设学习情境，让学生感知情境并进行语音知识的操练。

视频动画资源往往集声音和动图为一体，可以让学生身临其境，能够充分调动学生的多个感官，更加符合初中生的认知特点。教师通过视频创设情境，能够让学生置身情境中，激活已有知识，在情境中学习新知。教师可以通过网络搜索与课程相关的动画，也可以运用多媒体软件根据教学要求创编动画辅助教学。在自然拼读课堂的呈现环节，教师要注重核心语音知识的示范，视频动画能更好地让学生听到发音、看到口形，有利于学生建立正确的音形对应关系。

儿童对具象化的物体较为感兴趣。生动有趣的物品和形象化的物体，更容易吸引学生的注意力。因此，教师运用日常生活中常见的物品组织教学，创设情境，更能让学生有深切的体会，学习的内容更容易被学生习得。在自然拼读课堂中引入实物教具，能方便学生建立词汇的音形与义的对应关系，为阅读做好铺垫。

总之，在自然拼读课堂的教学中，综合运用图片、音乐、视频、实物等多种素材进行情境创设，能帮助学生创设学习情境，促进学生语音知识的学习。

（四）以学生为主体进行情境创设

笔者在教师访谈中了解到，受课时限制，教师会在课堂上以教授为主，学生在学习的过程中缺乏主动性和自主性。但是，学生是认知的主体，教师应当以学生的思维活动为主体，以学生的认知过程为主体，将学生从被动接受转变为主动学习。创设情境时，教师也应当以学生为主体，充分考虑学生的认知特点和兴趣点，不超出也不低于学生的认知水平，才能使学生主动参与学习，获得成就感，增强学习的自信心。根据加德纳的多元智能理论，人类一般具有语言智能、数学逻辑智能、空间智能、音乐智能、身体运动智能、人际关系智能、自我认识智能和自然智能。每个学生在这8种智能上都会表现出很大的差异性，因此，教师需要在创设情境时，从学生的主体性出发，运用多种素材，设计多种活动，以照顾到不同儿童的多元智能发展，给学生自主、合作和探究的机会，也给予学生选择不同活动方式的权利。在教师为学生创设的学习情境中，学生可以选择独立思考，也可以通过小组合作去寻找自然拼读规则，教师要做到让学生主动参与学习，而不是被动接受知识。

二、游戏教学策略

（一）趣味与知识的平衡

《义务教育英语课程标准(2022年版)》提出，初中英语课堂教学的首要任务是激发和培养学生的学习兴趣。初中阶段的学生爱唱、爱画、活泼爱动，教师在教学中要顺应儿童的天性，巧妙地设置课堂游戏，使儿童在课堂游戏活动中直接获得快乐和满足，在无意识中习得知识，从而实现教学目标。教学的最终目标是通过知识的习得，促进学生的发展。教师要让课堂游戏活动服务于教学目标，避免一味地追求游戏的趣味性而脱离教学目标。

1. 从目的性出发，课堂游戏活动要具有针对性

课堂游戏活动要以教学目标为导向进行设计。教师要在分析《义务教育英语课程标准(2022年版)》和教材的基础上，根据教学内容和学情，确定教学目标和教学重难点。在设计课堂游戏前，教师应充分考虑采取什么样的课堂游戏活动能够激活学生的思维、达成教学目标、突

出重点和突破难点，什么样的课堂游戏活动能够检测出学生该阶段的学习效果，在此基础上再进行课堂游戏活动的选择，就能较轻松地达成教学目标，实现促进学生发展的目的。

2. 从趣味性出发，课堂游戏活动要具有可控性

游戏对初中生的吸引力在于它的趣味性，通过课堂游戏活动，可以让学生在愉悦、放松的环境中习得新知，促进有效教学。但是，过于花哨多样的课堂游戏活动虽具有趣味性、可使课堂氛围热闹非凡，却容易造成学生沉浸在欢快热闹的游戏活动中无法自拔，从而拖延了教学时间、拖慢了教学进度，教学任务及教学目标无法完成。因此，在课堂游戏活动开始前，教师需要将游戏活动规则分享给学生，确保全体学生了解并遵守，让学生在规则范围内展开游戏活动，从而实现趣味游戏活动为教学服务又不影响教学的目的。

3. 从参与度出发，课堂游戏活动要具有全面性

《义务教育英语课程标准(2022 年版)》指出，教学要面向全体学生。因此，课堂游戏活动需要兼顾全体学生的课堂参与度。课堂游戏活动不能只针对个体，面向全体学生，让每位学生都有参与的机会，充分调动全体学生的学习积极性，才能充分发挥游戏活动的教育功能，促进课堂教学和学生的全面发展。

（二）趣味游戏与语音知识的结合

1. 音素意识培养

由于音素是英语语音的最小单位，音素意识是把单词中的单个音素拆分并重组的能力。培养学生的音素意识主要是培养学生对单词中音素的听辨能力和操作能力。听辨能力是听音辨别单词的首音、押韵音的能力。操作能力是在听说层面对音素进行切分、组合、删除、添加、替换的能力。因此，教师在设计游戏活动时，需要考虑学生的年龄特点、兴趣点和已有知识，运用简单易操练的游戏鼓励学生进行语音知识

的练习。为了提高游戏活动的趣味性,教师可以选择竞赛的方式激发学生的学习积极性,提高学生的参与度。在学习过程中,当学生掌握了字母名对应的字母音的发音后,学生就能很容易理解单词是由不同的音组成的。就像搭积木一样,完成对积木拆了再搭的过程就是音的组合,即 blending;反之,搭了再拆的过程就是音的分解,即 decoding。因此,为了培养学生的音素意识,教师可以选择设计类似"玩转日历"的游戏活动。教师可以让学生自制字母日历,先让学生准备一个大本,除了封面、封底和首页外,其他所有内页整齐地剪成三等份,保证页面不会断开。然后在页面的左右两侧写上辅音字母,中间写上 5 个元音字母。学生翻开日历,单独呈现一个字母时,练习听辨音素;出现两个或两个以上的字母时,则练习对音素的操作能力。此游戏活动可以方便学生认读首音和押韵音,也能根据活页日历进行音素的切分、组合、删除、添加和替换。

2. 音形对应关系建立

音形对应关系的建立,需要学生具备音素意识,这是学习自然拼读的前提。自然拼读教学法包括综合法和分析法。当目标词汇是学生不太熟悉的词汇时,可以采用综合法教学,即让学生先通过视频动画熟悉字母、字母组合的发音,建立正确的音形对应关系,再根据拼读规则练习拼出不认识的单词。这时,教师可以采用拼积木的游戏形式进行教学,将核心语音对应的字母组合用小积木表示,其他辅音用单独的小积木表示,让学生按字母或字母组合出现的顺序拼读单词,不断操练核心语音的发音。当目标词汇是学生熟悉的词汇时,可以选择分析法教学,即先在熟悉的单词中总结相同的音素,将音素与字母或字母组合相对应,再进行单词的拼读。游戏可采用竞赛的方式,让学生进行小组合作。在游戏过程中,教师要充分激活学生的思维,帮助学生建立字母或字母组合的音形对应关系。在游戏活动结束后,教师要及时总结,归纳课堂词汇的生成,可以是有实际意义的词汇,也可以是符合发音规则的虚拟词汇。

三、学以致用教学策略

自然拼读具有三大要素,即字母与字母组合的形、字母与字母组合的音,以及拼读。当学生已经具备音素意识,理解单词是由音组成的,并且通过多种方法建立了字母或字母组合的音形对应关系时,学生便能够拼读出符合发音规则的单词,即具备了“见词能读”的能力。当学生根据音形对应关系,将听到的音转化为对应的形,即实现了“听音能写”的目标。学习自然拼读规则是为了应用规则去认读更多的单词,让规则成为进入阅读世界的助手,最终实现自主阅读和流利阅读。当学生具备了“见词能读”和“听音能写”的能力,就可以对符合拼读规则的单词进行解码和拼读。这是一个漫长的过程,需要学生进行反复练习,才能逐步实现连音成词、连词成句、连句成篇,最终实现自主阅读。

(一)足量的辅助读物

在初中阶段,学生的抽象思维能力还很低,主要通过直觉思维进行学习。因此,初中生获取新知的最佳方式是试着去做、去参与。学生在学习自然拼读规则后,为了实现自主阅读,需要教师为学生提供足量的、适合的辅助读物进行练习。趣味性与知识性并存的拼读拼写练习和符合拼读规则的读物,可以让学生在实践中不断地加强对单词进行解码和编码,并不断提高“见词能读”和“听音能写”的能力。在教学过程中,教师需要整合或再创教学资源,通过提供与教学内容相关的绘本、歌谣或自编歌谣,慢慢让学生尝试独立阅读文本,引导学生注意图文结合,有效地激发学生的学习兴趣,帮助学生循序渐进地进入自主阅读的世界。在遇到符合发音规律的生词时,教师要积极引导学生运用规律去拼读单词,让学生把拼读当成习惯,反复练习。当规则被多次运用后，学生便自然而然地习得了字母或字母组合的发音规律。只有学以致用，并进行阶段性的复习巩固，学生的自然拼读技能才能呈螺旋式提高。学生能够解码符合发音规律的单词、完成音与形的对应后，教师要引导学生根据文本中提供的图片，猜测对应的意思，从而培养学生音、形、义对应的自主阅读能力。

（二）不可忽视的视觉词

常见的不符合发音规则的单词，无须解码，一看就能读出来，这样的单词被称为视觉词，也被称为高频词，如 the、in、is、that 等。学界认为，学生在学习自然拼读前，应掌握 220 个常见视觉词。视觉词多是没有实际意义的虚词，无法用对应的图片表达其含义，也不符合拼读规则，但是，其用法很灵活，而且出现的频率很高。有研究显示，儿童英语读物中有 50％～75％的内容由视觉词构成。因此，越是英语学习的初级阶段，视觉词出现的频率越高，它影响着学生对文本的连贯性和整体性的理解，必须重视对视觉词的学习。学生在面对文本的时候，既能够解码符合发音规则的单词，也能够快速准确地识别视觉词，才能实现流利阅读。在真实的阅读体验的辅助下，学生能充分利用自然拼读知识解码单词，并能把更多的注意力放在对文本的理解上，从而实现流利阅读和充分理解。

四、归纳拓展教学策略

自然拼读法中包含很多音形对应规则，在学习过程中需要教师和学生归纳总结音素知识和音形对应关系，并在自然拼读规则的应用中拓展词汇量。

（一）归纳规则

可以利用思维导图对学习内容进行总结归纳。例如，在完成每册教材的语音规则学习后，每一类字母或字母组合的发音，都可以利用思维导图进行归纳。这样做，可以帮助学生在头脑中梳理出清晰的语音学习思路，扫除记忆单词的障碍。

如，26 个字母中，有 5 个元音字母：a、e、i、o、u。另外，y 在单词的中间或结尾时，也被当作元音。元音的发音比较复杂，如果单词或音节里只有 1 个元音，且元音不在末尾，这个元音一般发短音，如 sam、cat、mat 等。如果单词或音节里有 2 个元音时，一般来说，前边一个元音发长音（字母音），后边一个元音不发音，如 make、sea、tie 等。

辅音字母大部分发音都是固定的，但也有少数几个辅音字母有 2 种或 2 种以上的发音。① 字母 c。当字母 c 后面是 a、o、u 时，c 的发音与字母 k 的发音相同，如 call、cow、cut 等；当字母 c 后面接 e、i、y 时，通常 c 的发音与字母 s 的发音相同，如 cent、pencil、city；当 c 在 e 或 i 前面时，c 有时会发/sh/音，如 racial、ocean 等。② 字母 g。当字母 g 后面接 a、o、u 时，g 发字母音，如 gas、go、guess 等；当字母 g 后面接 e、i、y 时，字母 g 的发音大多与字母 j 的发音相同，如 age、ginger 等（也有特殊情况，如 forget、give、girl 等）。③ 字母 x。当字母 x 在单词中间或结尾时，发/ks/音，如 next、fox 等；当字母 x 在单词中间时，有时发/gz/音，如exam、exact 等。④ 字母 y。当字母 y 在一个音节的开头时，发半元音/j/音，如 yes、yet 等；当 y 前面是元音字母时，y 和元音组成双元音字母组合，如 pay/pe? /等；当字母 y 的前面是辅音字母时，y 被当作元音，如 by 等；当单词中有元音字母，且结尾为辅音字母＋y 时，y 发/i/音，如 ability 等。特殊发音还有很多，不再一一列举。

辅音字母组合：① 带有 l 的字母组合有 bl、cl、fl、gl、pl、sl 等，单词如 black、clock、flag、glass、plate、sled 等。② 带有 r 的字母组合有 br、cr、dr、fr、gr、pr、tr 等，单词如 bridge、crab、dress、frog、grape、press、truck 等。③ 带有 s 的字母组合有 sc、sk、sm、sn、sp、st、sw 等，单词如 scale、skate、smoke、snake、spoon、stop、swim 等。④ 三个辅音字母组合有 shr、spl、 spr、squ、str、thr 等，单词如 shrink、splash、spread、square、string、throw 等。⑤ 复合字母构成的单音，即两个或三个辅音字母在一起只发一个音，通常指 ch(tch)、sh、wh、th 等组合，单词如 chair、shop、what、they 等。

（二）拓展词汇

在英语学习过程中，认读单词、拓展词汇量，可以为实现自主流利阅读打好基础。因此，教师应引导学生根据所学的拼读规则，将所学单词中符合拼读规则的单词列出来，完成思维导图，同时也要将熟悉的符合该发音规则的其他单词补充到思维导图中，以达成拓展词汇量的目的。需要注意的是，思维导图中的单词必须是有实际意义的单词，而不能是仅仅符合发音规则的虚拟词汇。运用思维导图复习字母组合的发音并拓展单词，能在一定程度上改变学生"教了才会、不教不会"的现象，也能督促学生将所学的拼读规则应用于实践，敢于拼读单词，便于学生有规律地记忆单词。

五、自主合作探究教学策略

《义务教育英语课程标准（2022 年版）》指出，教师应合理安排教学内容和步骤，组织多种形式的课堂互动，鼓励学生通过观察、模仿、体验、探究、展示等方式学习和运用英语，引导学生学会自主学习和合作学习。新一轮的基础教育改革也强调学生学习方式的变革，"自主""合作""探究"一时间成为教育改革的高频词汇。传统的以教师为主体的课堂，教师以讲授为主，很难把课堂的主动权交给学生，要促进学生积极参与课堂活动，教师必须设计开放性的学习活动，把课堂的主动权还给学生。

（一）自主阅读，尊重个体思维发展

教师在为学生提供足够量的读物后，可以选择先让学生自主学习绘本或韵律诗，让学生对语音了解、对文本的理解有自己的认知，让学生的自主性得到最大限度的发挥，让学生自主学习的效果得到最大限度的体现。

（二）合作分享，激活思维

当学生经过独立阅读和思考后，教师可以让学生通过小组合作学习，在组内研究符合发音规则的单词，让学生获得学习的成就感。同时，教师可以利用生生评价的方式，请全班学生对每个小组拼读单词的情况进行评价和反馈，以充分发挥学生的主体作用，促进知识的学习。

（三）探究学习，促进思维碰撞

通过自主阅读，完成对文本中词汇的认读和对文本的初步了解，再在组内合作研读绘本或韵律诗、组内探究符合发音规律的生词的发音，同时根据图画猜测单词的含义，完成单词音、形、义的匹配。在一系列的学习过程中，学生可以互相帮助，实现发现问题、解决问题的良性循环。

六、跨学科融合教学策略

（一）与美术学科的融合

教师可以将板书设计成花朵的形式。例如，在学习字母 a 在闭音节中的发音规则后，书中给的押韵音是/æt/，以 at 作为花芯，在周围画上五片花瓣，花瓣的内容由学生自己填写辅音字母，使花瓣和花芯连起来就可以拼出单词。学生也可以选择用喜欢的画，如章鱼、太阳等图片呈现单词的拼读过程。在语音知识的运用环节，学生可以根据所学目标词汇，自编、自绘绘本，可以用简笔画或彩色图画的形式，完成与所学绘本或韵律诗内容相近的图文输出。

（二）与音乐学科的融合

在热身导入环节、新知巩固环节或者教学总结环节，教师都可以将音乐与语音教学结合，通过歌唱的方式、配有节奏的鼓点和肢体动作，呈现要操练的内容。这样做，有助于学生节奏感和押韵意识的培养，可以增强学生的尾韵意识，既能充分调动学生的学习兴趣，又能培养学生的语音意识。

（三）与数学学科的融合

在自然拼读课的教学过程中，一个很重要的环节就是对学生进行磨耳朵训练。当学生听到一个由“辅音＋元音＋辅音”构成的单词时，要能够清楚地说出它的首音、尾音和中间音。教师可以将这个学习过程设计成“数独”游戏，让学生找出在一行或一列中具有相同首音或相同尾音的单词。对于多音节的单词，可以采用以拍手的方式感受单词的音节构成，让学生通过拍手数音节的活动，加深对单词音节的认识。

（四）与体育学科的融合

在自然拼读课的导入或者总结环节，教师可以设计将语言知识与肢体动作相结合的教学形式。如学生在吟唱歌谣或韵律诗时，教师让学生用两手拍打节奏，也可以用手拍腿、手拍桌子以及用双脚打节奏等。在培养学生的音素意识时，教师可以出示一个单词的首音，让学生找出相同的或者不同的首音，并通过拍手、手拍腿或手拍桌子等肢体动作表示。

第五章　初中英语语音教学优质课例分析及启示

第一节　优质课例分析

课堂案例是一种实用的文本，是课堂教学轨迹的真实再现，也是课堂教学生活的经典浓缩。对名师课例或者优质课例进行研究学习，是促进教师成长的重要方式。教师可以从中寻找经验，并结合学生的学情确立适合自己的教学方式。目前，许多教师在开展公开课时并不会过多地选择语音板块来进行教学，所以，相比较绘本教学、对话教学来说，语音教学的优质课课例较少。语音教学虽然在初中英语教材中所占篇幅较少，但却是英语教学的基本也是基础部分。语言学习离不开对语音的学习。笔者根据字母教学、相同字母组合不同读音、不同字母组合相同读音等三个方面内容分别选取了三个整合性语音教学课例。

通过对这三位教师的优质语音教学案例进行分析,总结出她们在教学过程中的亮点和操作性强的有效策略,以期对各个学段的语音教学有一些启示。

一、牛津译林版七年级上册 Units 1～2 Study Skills 课例分析

本节课的内容是 Units 1～2 字母 a 发音的整合性教学。字母教学是学生学习英语的基础。英语是表音文字,由 26 个字母组合在一起,其发音规律虽然复杂,但也有规律可循。所以,学好 26 个字母对学生日后的英语学习起着至关重要的作用。本节课分为 about me,about my cat 和 about Kate 三部分。第一部分呈现了字母 a 在单词中的发音规律;第二部分通过 about my cat 的呈现,帮助学生进一步感知并分辨 a 的发音;第三部分通过 about Kate 呈现了字母组合 a～e 在单词中的发音规律。本节课的内容较为简单,只有一个字母 a 的教学,但单音是语音教学的基础也是关键,而且设计了一些简单的对话,能够锻炼学生的语调。课例最后,老师合理地运用绘本故事进行拓展,能够让学生更好地内化语音知识。

(一) 教学示例

本节课主要安排三个模块,模块一是单音的发音规律;模块二是分辨字母 a 在例词中的发音;模块三是关于字母组合的发音规律。三个模块让学生层层递进地对字母 a 的发音进行感知学习。

【模块一】 about me

师:Let's sing a song to get her. Stand up,please!

(师生共同演唱字母歌,并利用手势加深对字母与单词之间关系的理解)

师生共同:We are going to learn the sound of letter"a".

师:Can you tell me what's your name?

生:My name is Kevin.

(老师询问多名学生的姓名,并进行简单的问好。)

师:Do you want to know more about me?

(老师出示课件:"I am Pam. I am not fat. I have a cat and a bat. I pat my cat on the back.")

师:Now,Let's listen and find out.(同桌讨论,找出相似的音)

生:a/æ/.

师:Yes. They all have the sound letter "/æ/",a sounds/æ/.

(老师出示 cap、cat、dad、man、map 单词卡片,并引导学生做手势练习发音/æ/。接着出示其他单词卡片,让学生初步感知字母 a 的发音为/æ/。)

师:Now,Let's read this in your group. Please pay attention to your pronunciation,intonation and action.

学生通过 Pam 的自我介绍,对字母 a 在例词中的发音有了简单的了解。C 老师在指导学生发音时使用了手势或者身体动作,让学生对发音方式有了初步的认识。值得一提的是,在小组互读时,C 老师提示学生在朗读时也要注意自己的语调。

【模块二】 about my cat

师:I have a cat. Let's listen to something about my cat.

(老师播放完录音后,出示有关字母 a 的单词,让学生自由朗读。之后,老师邀请小组起来展示,其他学生进行跟读,并给予小组贴纸奖励。)

师:Now,let's spell together.

(老师再次出示 cat 短文,邀请几个学生扮演家庭教师,带领其他学生进行跟读。)

师: Everybody, stand up, please. Let's chant!

(学生在律动中,更深入地去了解字母 a 的发音。)

【模块三】about Kate

师:I have a friend, and her name is Kate. She is also works at our school. Let me tell you something about Kate.

(老师出示课件:“My name is Kate. I make faces. I make cakes. ”)

师:Can you find the same sound?

生: Yes! We can! The letter a sounds /eɪ/.

师:Good job! A sounds /eɪ/.

(老师采取与模块一同样的教学方法,通过介绍 Kate 这个任务,让学生了解字母 a 的第二种发音/eɪ/。)

师: Now, how to read it?

(老师先出示 Kat、mat、cak 让学生先将辅音字母与字母进行组合拼读。然后将 e 并入,再让学生进行拼读,使学生懂得 e 放在最后是不发音的。)

师: Today we have learned the phonics“a”. Now, let's use the phonics to read this story “Josie and the Cake Sale”.

(学生听完绘本故事示范朗读后,自主进行朗读。老师邀请学生上台进行角色扮演。在进行角色扮演时,老师应时刻注意学生的读音、语调是否准确。)

学生在学习字母 a 的第一种发音之后,老师紧接着进行字母组合 a-e的教学。C 老师通过拆拼单词,让学生在发音时运用手势,以此来帮助学生总结字母组合 a-e 在单词中的发音规律。

(老师出示单词卡片 care、face、game、lake、name,让学生尝试自主练习)。

(二)教学亮点评析

C 老师执教的这节课主要分为三个板块进行,每一个板块都有明确的目标，以问题为导向，教学主线清晰。三个教学板块环环相扣，让学生循序渐进地去感知字母 a 的发音规律。C 老师在进行发音操练时，还特意运用了全身反应教学法、字母操教学法等，课堂气氛活跃。此外，C 老师在整个教学过程中始终通过发音、语调以及动作三个维度来评价学生，这种多维度的评价方式能切实提高学生的语音水平。

1. 重视对字母规律的初步感知，运用全身反应教学法激发学生兴趣

C 老师在课堂开始之际，依据全身反应教学法，让学生通过肢体语言来熟悉字母。通过摆动手指或者用肢体做出与字母相对应的动作，学生能直观地进行学习，也能较为容易地吸收语音知识。在初级学习阶段中，全身反应教学法还能帮助学生了解停顿或者重读等语音现象。C 老师在正式教学之前教授学生灵活的学习技巧，让学生在轻松的学习氛围中对学习内容进行初步感知，引起了学生的积极性，激发了学生的学习兴趣。

2. 重视语音教学中语调的学习

语音教学不仅仅包括对基本读音的教学，还包括对语调和重读的教学。在英语中，同一句话使用不同的语调表达出来的意思是不同的。英语是一种语调语言，语音语调是否正确，直接影响到人们的交际，语调直接表达了说话者的态度和情绪。在语音教学中，通常会将语调与句子结合起来进行训练。

C 老师在这节字母教学课中，除了让学生了解发音之外，还训练了学生的语调能力，并将语调作为评价标准之一。C 老师抓住了句子以及单词所要表达的意思来对学生进行语调指导。比如，在读 Pam 的自我介绍时，要根据每段话的意思来调节语调的变化，不能用同一种语调贯彻始终。在读“I am not fat”时，语调要上扬，读出 Pam 的俏皮感；在读“I pat my cat on the back”时，声音要轻，语调要下沉，让听者能够听出 Pam 是如此爱惜自己的猫，以至要轻轻地拍打着猫。

语音教学要避免对单个因素，即音段音位进行过分操练。要将音

段音位与超音段音位教学相结合，在了解基本音素的基础上，再对语调等语音现象进行深入教学。教师也可以在课堂教学中，将学生的英语语调列为评价标准，可以根据教学内容将语音与听力、口语和阅读等方面结合，让学生在实践中学习，促进学生综合语言能力的发展。

3. 合理拓展，语音知识与绘本故事完美融合

语言学习的最终目的是能够在日常生活中灵活运用。会说、会听、会写、会看也要会读，这五个方面成为衡量语言学习效果的基本标准。语音的学习脱离不了真实语境，无论是发音、语调或是节奏等方面的训练，都需要在真实的情境中进行。绘本对于七年级学生来说仍然具有吸引力，绘本中的插图在吸引学生注意力的同时，也能让学生根据插图内容来更好地理解文本内容。C老师在课堂最后向学生呈现了“Josie and the Cake Sale”这本绘本故事。

C老师在出示绘本故事之后，先是让学生自行猜测故事内容是什么，激发学生的兴趣。然后播放录音，让学生熟悉文本内容，锻炼了学生的听力。在阅读绘本故事的过程中，学生遇到陌生的单词，引导学生运用本节课所学到的知识正确地拼读出单词，锻炼了学生的拼读能力。学生在小组内互读之后，C老师邀请学生上台进行角色扮演，进一步巩固字母a的发音规律。学生进行角色扮演，能够沉浸到情境当中与他人进行对话，体会人物的心情，并根据故事情节的变化来调节自己的语调以及句子重读，锻炼了口语能力，还能够更深入地感知英语字母的发音规律，深入了解字母a在单词中的发音，进一步地感受英语这门语言的魅力。

二、牛津译林版七年级上册 Unit 4 Study Skills 课例分析

本节课的教学内容选自牛津译林版七年级上册 Unit 4 Study Skills，这是一节有关字母组合的语音课。本节课，L老师主要选取字母组合 or

的不同发音进行教学。在教学设计上,L老师设计了不同的关卡,通过闯关的形式进行语音教学,为学生创设了轻松有趣的语言氛围,引导学生自行总结发音规律,并指导学生运用所学知识在拓展训练环节中提高语音技能。

（一）教学示例

师:This is York! Let's have him to finish the challenge. First of all, let's know something about him.

(老师播放歌谣。)

师:Is it nice?

生:Yes!

师:This time I will sing "I have a horse" and you sing "horse horse horse", clear? OK, let's go!

(师生分工进行演唱。)

师:Wonderful, now let's sing together.

师:Do you remember what do I have?

生:You have a horse.

师:Yes. Horse. (出示单词卡片。) Read after me, horse, horse. (采用不同的声调。) Now, what's his name? You please.

生:His name is York.

师:York, York.

(学生跟读。)

师:Is he tall or short?

生:He is short.

师:Short, short.

(老师出示单词卡片,学生跟读。)

师:Great! And what does he like?

生：He likes sports.

师：Good! Sports, sports.

（老师出示单词卡片，学生跟读。）

师：You have good memory. Now read these words and try to find out what's the same? Come on!

生：They all have"or".

师：Great! They all have the letter group "or". How about the pronunciation?

生：or/ɔ:/.

师：Read after me. o, r—or, or, or.

（学生跟读）

师：One more time, o, r—or, or, or; or—k, ork, or—k, ork(老师利用手势示意，学生跟读模仿). Listen carefully: f—or—k, fork, p—or—k, pork.

（老师出示 or 卡片，带领学生进行跟读模仿，让学生感知 or 与其他字母组合时的发音。）

师：Now, it's your turn. Please choose the letters and chant it with your groups. OK? Here you go!

（小组合作，利用黑板上给出的字母以及字母组合进行拼写单词，老师走下讲台进行示范。）

师：Boys and girls, attention please. Have you finished? Who wants to show your chant?

（学生起身回答。该生选择了 or 与 m 进行组合，但在选择单词首字母时出现了问题，老师紧接着进行提醒。该生在老师的引导下，又尝试将 or 与其他字母进行组合。）

师：Good for you!

（课件出示歌谣 York。老师播放录音，让学生听音辨单词，并让学生将单词进行正确拼写。之后，老师与学生一起演唱歌谣，在复习字母组合 or 的第一种发音时，让学生初步感知字母组合 or 还有第二种发音。）

师：How about "work"? Now, let's go to Round 4 to find the answer. Here is the riddle: you know it at school, but you do it at home. What is it?

生：It is homework.

（老师以同样的猜谜方式引出有关 or 第二种发音的单词，尝试让学生自主发现字母组合 or 的第二种发音。通过让学生再次进行小组活动，熟悉 wor 与其他字母组合。最后再进行练习，巩固发音。）

（二）教学亮点评析

在这节语音课中，L 老师始终将语音、语境和意义理解相联系，并通过设计关卡，带领学生共同闯关，激发了学生的学习兴趣。L 老师在课堂开始之际，运用的是歌曲导入，在歌曲当中将主人公 York 和本节课有关的主要例词代入，并让学生和自己一同演唱歌曲，为学生的正式学习做了一个很好的铺垫。在引出与字母组合 or 相对应的单词时，L 老师结合实际问题，让学生在英语语境中进行思考，以更好地学习语音。L 老师在授课过程中，进行了很好的示范，并让学生进行跟读模仿，这是语言习得的必经之路。L 老师还通过字母组合的游戏，让学生体会到拼读单词的乐趣。

1. 联系语境进行教学，营造愉快的语音学习氛围

在学生学习语音的过程中，往往会因为枯燥的字母和单词而失去对语音学习的热情。因此，在语音教学中，应将语音置于特定的语境之中，让学生分析、体会语音的实际含义，让学生在交际中使用所学的语音知识，掌握正确的语调、重读等技巧，准确地表达自己的交际意图。L 老师在介绍完主人公 York 之后，通过向学生提问，让学生在语境之中联想到与字母组合 or 相关的单词。

英语学习是一个系统的过程,每一个版块都是相辅相成的,而不是独立存在的。语音知识也是如此。英语作为表音文字,单独的字母或者字母组合是没有任何实际意义的。只有与真实情境相联系,让学生进行意义理解,才能实现交际的目的,对学生的语音习得也能起到固化的作用。L老师在出示单词之前,先是用了“What do I have?”,在学生的回答中引出horse这个单词,然后再用“What's his name?”“Is he tall or short?”“What does he like?”这三个问题,在学生的回答中分别引出York,short,sports这三个单词。L老师在课堂一开始就为学生创设语境,让学生借用语境初步感知or这个字母组合在单词当中的发音规律。在故事情节的渲染之下,学生的语音学习氛围轻松愉悦。

2. 善于启发,让学生自主归纳发音规律

学生是语音学习的主体,老师进行语音教学的目的是让学生掌握语音知识,学会拼读和记忆单词,以实现语言的交际功能,培养学生的语感。L老师的这节语音课没有让学生被动接受知识,而是在学生熟悉例词之后,让学生尝试着从例词中找出相同点,让学生通过再次复习例词,自主总结发音规律。

虽然学生在小学阶段就已经或多或少地接触过英语语音,但是学生对于字母组合还没有达到熟练掌握的程度。七年级学生处于语言学习的敏感时期,通过之前的英语学习,也多多少少掌握了一定的发音规律,但大多比较分散杂乱。在进行字母组合发音的教学时,老师要尽可能地发挥学生的主体作用,让学生自己总结规律,锻炼学生的英语思维。同时,老师也要适当给予学生指导和帮助,让学生学习正确的字母组合拼读规律。

在这个教学片段中,在学生集体朗读例词之后,L老师让学生找出例词的相同之处,并让学生通过反复听、反复朗读,自己总结or的第一种读音。L老师还将单词进行拆分,带领学生了解or与其他字母搭配时应当如何进行拼读。在学习or的第二种发音时,L老师也采取了同样的方法。这种自主总结的方式,不仅可以帮助学生加深对 or 的发音的了解,还有助于训练学生运用拼读规则提高单词的拼读能力。

3. 创编故事,激发学生的想象力

对于七年级学生来说,生动的故事具有极大的吸引力,他们乐于也善于想象,往往会给我们带来莫大的惊喜。语音教学离不开具体的语境,语音教学也不仅仅是让学生会听、会说、会读,还要会写。L 老师在课堂的最后环节向学生出示了一段故事,适当地进行拓展,让学生根据故事中给出的例句和单词,大胆地进行想象。采用这种方式让学生巩固字母组合 or 的两种发音,不失为一种好方法。在整个创编过程中,学生进行头脑风暴,不断地运用自己的想象力进行故事编写,既能通过书写单词来深化 or 的发音规律,能根据拼读规律拼写单词,在学生展示作品、朗读创编的故事时,也可以得到语音训练,包括发音、语调以及句子的重读等。

在整个教学过程中,L 老师紧扣教学目标,并根据七年级学生认知的特殊性,运用多种方式进行语音训练,让学生有小组合作的机会,也有单独发言的机会。在引导学生认识字母组合与单词之间的关系时,L 老师向学生呈现了生动的故事,让学生在轻松愉悦的学习环境之中学习语音。

三、牛津译林版七年上册 Unit 5 Study Skills 课例分析

本节课选自牛津译林版七年级上册 Unit 5 Study Skills。在这个单元的语音版块中,教学任务是让学生通过听单词、读单词等方式了解字母组合 ai 和 ay 在单词中发同样的音,即双元音/eɪ/,并使学生能够正确辨别单词的读音,以此来强化 ai 和 ay 的发音规则。在此基础上,教师要引导学生根据 ai 和 ay 的发音规则读出新的单词,以此来巩固 ai 和 ay 的音形对应关系。笔者选取了 Z 老师的英语优质课例。

（一）教学示例

师:Today we will learn fun phonetics of ai and ay. But before that, let's sing a song.

（老师播放歌谣。）

师:What can you hear in the song?

生:I can hear "rain".

师:It's a rainy day. And there is a snail, he is waiting for a rainbow. Do you know the rainbow song?

（师生共同演唱彩虹歌。）

师: Yes, the snail keeps walking and he says "Let me paint a rainbow". Now, let's review the story. Please tell me which letters are the same?

生:Ai.

师:What's the sound of "ai"? Listen carefully, who can answer me? How do you know?

生:We have learned "rain", so there is "ai/eɪ/".

师:Good job. Let's read the "ai" words.

（老师出示图片,让学生看图读单词,并按照"ai,ai+单词"这种模式进行单词拼读。在进行拼读的同时,老师向学生出示卡片,给予学生单独发音的机会。）

师:Now, write the words on your paper.

（老师让学生边拼读边进行单词拼写,强化发音规则。）

（老师播放视频,让学生了解 ai 与其他字母的组合方式。老师组织学生进行小组活动,让学生通过小组合作,将 ai 与字母进行组合）

师:Look at this picture, there is a birthday party. Whose birthday?

生:Wu Yan's birthday.

师:Wu Yan's birthday is on Monday. It's going to be a fun day. Pay attention to these circled words. What are they?

生:Ay.

师:They all have the same letter "ay". Now, what's the sound of "ay"?

(老师再次组织小组活动,让学生通过讨论自主总结规律。)

生:It sounds "/eɪ/".

师:Can you read these "ay" words?

(老师出示图片,让学生看图读单词,并按照"ay,ay+单词"这种模式进行单词拼读。在进行拼读的同时,老师向学生出示卡片,给予学生单独发音的机会。)

师:Now, let's play a game "Can you read".

(老师首先出示字母组合"ay",接着出示其他辅音字母,让学生尝试拼读。)

师:There is a boy and a girl. Let's listen and chant.(巩固发音)

师:We have learned eight words, and they all sound/eɪ/. Let's listen and imitate.(再次强化发音)

(老师以一首歌对字母组合 ay 和 ai 进行复习,并为学生呈现一则故事,让学生重点标记有关 ay 和 ai 的单词,并跟读范文。)

师:What do you learn from the story?

生:要坚持,要有梦想。

师: This story is about dream. How do you achieve your dream?

(老师进行情感升华,让学生懂得梦想的珍贵,以及要坚持一步一个脚印地去实现梦想。)

师:Now, who wants to read the story for us? OK, this girl, please!

生:Some dreams make us happy. Oh wow, I am flying into space. Some dreams make us bad. Oh wow, I am going to fall. But my dream makes me happy. Why am I so happy? Because in my dream, I am going to a player!

(老师对学生的语音语调进行纠正。学生在读疑问句和感叹句时，往往会与汉语的语调混淆。)

（二）教学亮点评析

Z老师在这节课以小蜗牛在雨中等彩虹的故事展开，并贯穿于教学始终。本节课作为一节语音课，Z老师并没有将语音知识孤立地呈现给学生，而是结合故事情景，将原本没有联系的单词通过一个完整的故事进行呈现，并引导学生从例词中发现相同的字母组合，让学生听音、自主阅读、感知和归纳ai、ay的发音规律。

1. 走入真实语境，体会语音学习的乐趣

这节语音课既基于教材又高于教材。Z老师在教材中4个例词的基础上，又补充了4个例词，通过向学生呈现童话故事，将这8个原本毫无联系的单词串在了一起，让学生在系统的情景中进行感知，有助于学生习得语音知识。

在语音教学中，Z老师没有拘泥于教材，深知语音的学习是离不开具体语境的，一直以故事情景为中心，通过阅读小蜗牛的故事，带入学生走入真实的语境当中，让学生在童话故事中对字母组合ai和ay进行感知，体会语音学习的乐趣。Z老师带领学生感知拼读规律时，采取了多种方式进行引导，确保学生能够内化所学到的语音知识，做到“见词能读，听音能写”。由于七年级学生对于字母组合的拼读规律有一定了解，所以在学习ay和ai时，相对来说比较轻松。但对他们而言，较难的一点就是需要知道ay和ai是发同一个音/eɪ/。因此，在本节课，Z老师以童话故事为主线，将语音知识放置于故事之中，带领学生和小蜗牛一起等待彩虹的出现。在出示相关例词后，Z老师并没有急着进行下一步教学，而是让学生自己从中找出发音规律，不断地进行phonics的渗透。

整个故事是分为两部分的，第一部分以 ay 为重点，第二部分以 ai 为重点。Z 老师在每部分结束之时，都会带领学生进行复习，并试着让学生根据规律进行拼读，培养学生音形对应的能力。

2. 让学生在歌谣中进一步感知语音

在学生掌握了词汇的准确读音之后，演唱歌谣是一个很好的强化语音学习的途径。平时在语音教学中，在训练学生的字母或者字母组合的发音时，教师可以找一些节奏感强的歌谣让学生唱一唱。学生对这种简单有趣的歌谣比较容易掌握，而且在学唱歌谣时，可以接触到一些以后所要学习和掌握的词汇及相关知识，老师也可以在歌谣的演唱中向学生渗透语音知识。Z 老师在这节语音课中将字母组合 ai 和 ay 与歌谣巧妙地结合在一起，让学生在轻松愉悦的学习环境中学习语音。

学生在学习完 ay 的发音之后，Z 老师和学生共同演唱了歌谣，旨在让学生进一步感知发音规律。语音练习往往很枯燥，在教学中适当地运用与教学内容有关的英语小歌谣，可以让学生目的明确、兴致盎然地进行有效练习。

3. 强化英语语音语调，丰富学生的学习体验

在课程结束之前，Z 老师精心设计了师生共同阅读绘本故事这一个环节，既巩固了本节课所学到的语音知识，也拉近了老师与学生之间的距离。Z 老师向学生出示了绘本故事，在学生听完示范之后，通过让学生朗读故事内容，帮助学生强化语音语调。由于英语语调的不同，许多学生在进行朗读时，往往会出现较为明显的错误。为了能够让学生掌握英语语音语调，Z 老师在学生朗读短文时，不仅关注学生的发音是否规范，对学生的语音语调也给予了足够的关注。在这个课例中，学生在读到疑问句“Why am I so happy?”时，语调是下降的，听起来给人一种压抑、生气的感觉，这与绘本中想要表达的兴奋快乐的意思截然相反。这时，Z 老师为学生做了示范，提示学生可以联想开心的事情，指导学生用兴奋高昂的语调读出“Why am I so happy?”。另外，有些学生在朗读时，

通篇语调平淡无起伏,尤其是在读 happy 和 bad 这两个意思完全相反的单词时,语调没有明显的差别。Z 老师针对这种情况,把学生请到讲台中央,让他们扮演故事主人公,假设自己真的做了既快乐又悲伤的梦。在这种情境之下,学生再次进行朗读,语调要比之前准确得多。学生在绘本故事的阅读中,不仅能够将学到的拼读规律应用到陌生单词中,扩大词汇量,还能够在体验人物角色中,学习用正确的语音语调去朗读短文,以更好地表情达意。学生真正做到了学以致用,老师达到了语音教学的目的。

第二节　优质课例的特征及启示

语音教学的目标是培养学生的交际能力,使学生能根据不同的语音特征判断说话人的会话含义,并根据自己的意图、情感和交际目的正确地使用语音。语音是学生在学习英语时最先接触到的元素,也是组成语言的基石。这也从侧面反映出语音教学在英语教学中的重要位置。因此,在基础教育阶段,教师要深入地开展语音教学,让学生全面地了解语音知识。

一、优质课例的特征

(一)授课教师语音素质较高,具有扎实的教学功底

教师具有较高的语音素质,是成功进行语音教学的前提。这主要体现在教师有丰富的语音理论知识和较为标准的发音,能为学生起到良好的示范作用,能够根据教学目标合理地选择教学方法,激发学生的学习兴趣,并促进学生的全面发展。初中生年龄小,听觉灵敏,模仿性

极强，这是初中生学习语音的优势，也是教师可以利用的特点。如果教师的语音素质不过关，就无法为学生树立一个模仿的榜样，学生也就无法学习到正确的语音语调；如果教师没有合理地安排教学环节，使用的教学方法不得当，学生在课堂上就无法有效学习知识，更谈不上学习兴趣，而专业素质较高的教师在进行教学时，无形之中会给学生带来一种美的享受，他们语音语调标准，与学生进行口语对话时抑扬顿挫，为学生营造了优美的语言环境，对于复杂的语音理论知识能够在具体的实践过程中准确无误地体现出来。

本书课例中的 C 老师、L 老师和 Z 老师，凭借自身扎实的教学功底和较高的语音素养，向学生呈现了三节风格迥异的语音课堂。三位老师准确地把握了英语语音的特征，并根据学生的特点，选择了合适的教学方法。在整个语音教学过程中，三位教师都向我们展现了她们扎实的英语语音知识功底，语音语调标准流利，在课堂中加入游戏、歌曲等，将分散的语音练习集中到一定的语句语境当中，让单纯的语音操练与语音学习联系起来，善于启发学生，让学生通过听音总结发音规律，真正将理论与实际结合在一起，锻炼了学生的思维能力，培养了学生的语感。例如，L 老师执教的 Unit 4 Study Skills 这一课中，L 老师在课堂开始之际，先是自己示范一首歌谣，然后让学生合唱，再依次出示例词卡片学习字母组合 or 的第一种发音，指导学生用不同的声调读出单词，并让学生尝试自己总结发音规律，最后利用拼读法将 or 与其他字母进行组合。这样的教学方式不仅使学生有了一个很好的模仿对象，能够根据老师标准的发音找出规律，还让学生进一步学习了如何利用拼读法将所学字母组合与其他字母进行再组合。值得称赞的是，L 老师的教学并没有就此结束，在学习完第一种发音之后，L 老师利用歌谣与学生一同复习并引出字母组合的第二种发音，最后让学生创编故事，将学生的语音操练与读、写相联系。L 老师从示唱歌谣入手，以创编故事结尾，不拘泥于单纯的语音操练，并通过自己的示范，让学生感受英语语音语调的魅力，体现了 L 老师较高的语音素养和扎实的英语教学功底。

（二）教学方法灵活多样，让学生在轻松愉快的氛围中学习语音

英语作为第二语言，其语言体系和发音规则都与我们的母语有着许多不同的地方，而且对中国学生来说，在学习外语时缺少一定的语言环境。因此，在进行语音教学时，教师应根据教学内容，灵活巧妙地设计教学方法，拉近学生与英语语音之间的距离，让学生在浓厚、真实的语言学习氛围中主动地去接近语音。

笔者在一线教学多年，有幸听取了很多英语教师的语音教学课。但是，笔者发现，普通教师在进行语音教学时，并没有花费太多的心思，甚至是忽略了对语言环境的创设，只是简单向学生出示课件，让学生跟读单词，然后将读音写在黑板上，让学生将读音抄写在课本上，并以听音写单词结束教学。这样的教学根本无法体现出语音教学在语言学习中的价值，学生的收获也是少之又少，还可能会让学生对语言学习产生负面情绪。

而本书课例中的三位教师，以《义务教育英语课程标准（2022 年版）》为导向，针对教学目标和教学内容采取不同的教学方法，活跃了课堂氛围，促进了学生的主动学习。如 Z 老师在 Unit 5 Study Skills 一课中，首先是向学生展示一则小蜗牛的故事，并试图让学生将自己想象成小蜗牛，将学生带入故事当中。在此基础上，Z 老师开始向学生讲解字母组合 ai 和 ay 的发音。Z 老师先让学生通过例词发现 ai 和 ay 其实是同一种读音，再加上用歌谣和字母操表演，学生很快就心领神会，牢记于心。而对于如何将字母组合与辅音进行拼读这一问题，Z 老师向学生呈现了色彩鲜明的教具，通过移动教具指导学生进行单词拼读。在最后总结的时候，Z 老师通过将枯燥无味的语音知识融入英语动画视频中，让学生在欣赏视频的同时也加深了对本节课所学知识的理解，帮助学生在真实的语境之中感受语音知识的运用。学生在这种生动有趣、

轻松愉快的氛围中学习，学习兴趣得到了充分激发，教师语音教学达到了很好的效果。

因此，针对教学目标和具体的教学内容，灵活巧妙地选取教育方法，为学生创造真实、轻松的语言氛围，实现语音理论知识与实际应用的有机结合，拉近学生与英语语音之间的距离，让学生主动去学，是当前语音教学的关键，也是一线教师需要深入思考的。

（三）教师在教学过程中引导学生形成正确的语音语调

初中语音教学要防止以单音为目的，在学生认字和读句时还要注重纠正语音语调，培养学生的语感。在英语学习中，比起元音、辅音的学习，语调的学习显得更为困难。如果教师在进行语音教学时，没有教会学生用降调和升调进行朗读，则会影响学生日后的单词拼读、句子朗读、短文阅读和交际活动。在英语口语交际中，同一个句子用不同的语调读出来代表着不同的意思。初中生对理论知识的理解还不够深入，所以教师要在具体的教学中不断提醒学生，要让学生使用正确的语调进行口语练习。本书所选课例中，C 老师向学生出示了 Pam 的自我介绍，让学生按照小组上台进行角色扮演，并将语调作为评价标准之一。虽然 Pam 的自我介绍为陈述句，但每一句想要表达的情绪却是可以根据语调来辨别的。比如“I am not fat”这一句，如果用的是降调，则可能表示懊恼、辩解；如果用升调，则表示生气。Z 老师在执教的 Unit 5 Study Skills 一课中，在课堂最后的拓展训练环节，向学生出示了一则故事，让学生通过朗读故事内容，强化 ai 和 ay 两个字母组合的读音，并指导学生运用正确的语调朗读。值得一提的是，Z 老师善于引导学生走进故事，把自己想象成故事的主人公，让学生在真实的情境中懂得如何运用语调进行朗读。缺少语调的加持，陈述的内容就会显得苍白无力，而语调的错误使用也会在与他人交流的过程中造成误解。学生接触不到正确的语调，即使发音再标准，也无法准确无误地传递信息，更谈不上培养学生的语感了。

重视语调的辨义功能和语义功能，教会学生运用自然、正确的语音语调进行朗读，是语音教学中不可忽视的重要方面。发音好并不代表语音语调正确，只有发音、语调、节奏同时准确，才算得上是流利标准的英语口语。

（四）依据教学内容进行拓展，锻炼学生的想象力和听说读写能力

语音知识在初中阶段所占的篇幅并不多，再加上普通教师对语音教学的认识程度不够，往往会造成教学内容单一。在语音课堂上，教师一般都是带领学生学习一下字母组合的读音，再让学生读读例词，这就使得大多数学生对读音都采取死记硬背的方式，甚至用汉语拼音进行标记，无法将学到的字母组合与其他辅音或者元音字母进行拼读，更谈不上听音辨音了。语音教学在语言学习中占有首要地位，学好语音对学生语言学习所起的作用至关重要。因此，以现有语音教学材料为基础，借助丰富的教学经验激发学生对语音学习的兴趣，让学生认识到语音并不仅仅是对读音的学习、更是英语听说读写的基础，这是初中英语语音教学的重中之重。以上优质课例中，三位教师都没有拘泥于课本本身，也没有像普通教师走马观花式地教学，而是在教材内容的基础之上，根据教学目标和学生的知识水平，合理地进行语音拓展训练，丰富了教学内容，同时也锻炼了学生的听说读写能力。

例如，Z 老师和 L 老师都在教学的最后阶段，根据本节课的教学内容，适时地将教学向外拓展，为学生出示绘本故事，让学生进行阅读、创编，训练学生的读写能力和想象能力，强化语音知识。在 L 老师的课堂中，学生在学习完字母组合 or 的两种读音之后，L 老师向学生呈现绘本故事，并出示例句和例词，让学生根据故事内容适当地进行扩充。通过创编故事，一方面促进了学生进一步熟悉字母组合 or，熟悉 or 与其他字母进行组合时的书写形式，活跃了学生的思维，让学生

进一步感知英语的拼读规则；另一方面，学生朗读自己创编的故事，也能锻炼学生的发音、语调，提高学生的语音水平，教师也得到了学生的学习反馈，为下一阶段的教学奠定了基础。同时，创编故事对于初中生来说是比较新颖的学习方式，学生在学习语言时不再只是接受枯燥无味的理论知识，而是充分调动了学习的主动性，从多个方面训练了语音能力。

二、优质课例对初中英语语音教学的启示

（一）教师要不断提高自身的语音素养

初中生处于英语语音学习的初级阶段，多以跟读和模仿为主。在语音教学中，教师是教学过程的主导因素，教师的语音水平对学生语音习得的效果有着直接的关系。教师想要学生习得标准流利的语音，首先就要强化自身的语音素养，做到发音清楚，辨音清晰，这是进行有效语音教学的根本。

首先，教师应该具有扎实的英语语音学理论知识。教师应当深入研究和了解英语语音体系，提高自己的辨音和正音能力，帮助学生发准每一个音、读好每一句话。

其次，教师要在语音教学中和其他板块的教学中注意自己的语调和节奏，不断地向学生渗透相关语音知识，给学生带来正向示范。除此之外，教师也要懂得发音口形、拼读规律等语音知识。L老师的语音听起来就特别舒服，她的发音、语调以及节奏感都让笔者赞叹不已。另外，我们学习语言的目的是能够流畅地进行交流，因此，教师应在学生掌握单个音的基础之上，训练学生将音连成词后再连成句，进而进行语音节奏操练。C老师在课例中就很好地体现了这一点。C老师在教学生学习完有关字母a的例词后，出示了一段歌谣，在引导学生朗读的时

候,运用自己的手势来提醒学生句子的重读,让学生形成正确的节奏模式。

(二)灵活运用多种方法进行语音操练,调动学生语音学习的兴趣

1. 创设语境,营造语言氛围

语言环境是语言学习必不可少的条件。要想让学生尽可能地沉浸在英语语言环境之中,教师就必须在课堂上为学生创设语言环境,营造语言氛围。在语音学习中,语音知识相比较词汇、句型等板块来说相对枯燥。学生如果在语音学习时脱离了具体语境,不仅不利于他们的语音习得,还会让他们对语音产生厌倦感。因此,在语音教学中,教师除了朗读和示范之外,还要尽可能地利用周围的一切资源为学生创设语境,增加学生的语音输入量。在保证足够的语音输入的基础上,教师还要组织各种教学活动为学生提供语音输出的机会,让学生在真实的语言环境中输出语音,进一步巩固语音知识,激发学生学习语音的积极性。在Z老师执教的课例中,Z老师以小蜗牛等彩虹的故事开头,让学生把自己想象成是一只小蜗牛,等待彩虹的出现。Z老师以故事为主线展开语音教学,使学生身临其境,并能运用英语思维去思考、去学习发音。整节课学生都是在这样一个语言环境之中进行学习的,学生与语音知识没有距离感,课堂氛围活跃,有助于习得语音。在C老师执教的课例中,C老师在课堂的最后环节让学生进行角色扮演,学生通过扮演故事里的角色,很好地融入故事的情景之中,把自己想象成故事的主人公,有助于学生时刻注意自己的语调和节奏。而且,角色扮演需要多人合作,通过对话更能营造语言氛围。学生在完整的语境之中能够强化对于字母组合发音规律的认知。

2. 运用多种教学方法,提高语音教学的灵活性

(1) 趣味游戏法。

游戏是儿童最容易接受也是最感兴趣的一种活动方式。教师通过

组织各种游戏，可以促使学生积极主动地参与课堂教学活动。所以，在语音教学中加入一些寓教于乐的游戏，可以让语音教学取得较明显的效果。在初中英语语音课堂上，教师可以采用“加加减减”、听音猜词、听音贴字母或者字母组合等游戏进行语音操练。Z老师就很好地运用了游戏法。她在带领学生学习字母组合ai和ay时，在课件上先是显示了字母组合ai和ay，然后通过加字母或者减字母获得了更多的单词。在L老师的语音课上，她把相关字母组合以及其他字母贴在黑板上，让学生进行初步感知。然后让学生进行小组合作，利用黑板上给出的字母以及字母组合进行拼写单词，并选出小组代表进行展示，充分调动了学生的学习兴趣。

（2）全身反应教学法。

初中生以形象思维为主，直观的教学方法更加适合初中生的语音学习。教师在语音教学中运用全身反应教学法能够很快地抓住学生的注意力，并能教会学生通过肢体语言来学习相关的语音知识。C老师在执教字母a的教学时，就采用了全身反应教学法。在导入环节，C老师带领学生做了字母操，用手势做出某个字母的形状或者通过敲打肢体来表明重读的位置。Z老师在进行新授课时，同样也让学生用全身反应法来感知字母的发音规律。学生在课堂上极其活跃，并且乐于学习语音。因此，教师在教授语音课时，可以使用肢体语言让学生进行感知，并且要教会学生利用肢体语言进行语音学习。

（3）唱编结合法。

在初中英语教材中，比较押韵、结构反复出现、易唱易记的歌谣是必不可少的。歌谣可以使学生保持高涨的学习热情。因此，教师要充分利用这些教材资源，并可在此基础上自由地进行歌谣创编，以营造轻松愉悦的课堂氛围。

（4）归纳演绎法。

归纳演绎法是指教师向学生提供同一读音规则的单词（含有相同

字母或者字母组合的例词)，让学生通过观察、朗读、讨论等方式提炼出这些单词的读音规律。归纳演绎法尤其适用于初中高年级的学生，他们的演绎推理、归纳和类比推理能力都有所发展，并且能够借助已有的语言认知结构，将新习得的语音知识进行内化。因此，在语音教学中，教师可以将同一读音规则的单词归纳起来，集中进行教学。在教师的引导下，学生能够自主发现读音规则，并能运用读音规则拼读新的单词。比如，L 老师在讲授字母组合 or 的读音规则时，先是向学生列举出 sports、fork 等单词，让学生通过朗读、小组合作等方式，思考字母组合 or 在这些例词当中的读音，让学生自主进行归纳，并在此基础上，向学生提供多个同样含有 or 字母组合的新词，让学生根据归纳出的读音规律尝试读出这些新的单词。Z 老师在讲授字母组合 ai 和 ay 时，也是采取同样的方法，给予学生例词，让学生进行归纳并演绎出来。学生通过这种方法进行语音操练，能够逐渐体会到字母组合的发音，并进一步强化语音知识。需要注意的是，学生在归纳演绎的过程中出错是很正常的，教师要正确对待这种现象，充分保护学生的学习积极性，并在必要的时候提供帮助。

（三）重视对语调的教学，帮助学生更好地表情达意

英语语音包括音段音位和超音段音位两大系统。音段音位主要包括元音和辅音；超音段音位主要包括重读、节奏、语调等语音现象，具有辨别意义和传情达意的作用。在初中英语语音教学的初始阶段，教师的教学重点应放在音段音位上，在学生熟悉语音的基本音素后，语音教学的重点则应转移到重读、语调等超音段音位的教学上。《义务教育英语课程标准(2022 年版)》指出，初中阶段的语音教学应当使学生了解重读、语调等语音现象。这表明，语音教学不应仅仅以追求单音的准确性为目标，还应当重视对语调的教授，使学生明白英语语调和汉语语调的不同。在英语中，同一个句子会因为情景、重读、语调的不同而表达

出不同的意思。比如“She’s wearing the red jacket”，如果重读落在“she”上，则强调“她”是穿红色外套的人，而不是别人；如果重读落在“red”上，则强调她穿的是“红色”外套，而不是别的颜色。在初中英语语音教学中，如果教师忽略对超音段音位的教学，则会导致学生对英语语流等了解不够，在进行朗读和交际对话时，学生就会表现得十分生硬，没有节奏感，没有抑扬顿挫。同时，在与他人进行口语交流时，错误的语调还会造成不必要的误会，听话者将无法正确地理解说话者的意图。

在语音教学过程中，许多教师的语音意识并不强，在课堂教学或者课下辅导时，普遍注重单音的教学，忽视了对于重读或者语调这些语音现象的教学。初中阶段是语音学习的基础阶段，如果初中生在这个阶段没有养成良好的发音习惯和正确的语调，则会对日后的英语交际带来极大的影响。C老师在 Units 1～2 Study Skills 一课中，在教授学生字母 a 的发音之后，向学生出示了 Pam 的自我介绍，让学生在巩固字母 a 的发音的同时，也能够形成正确的语调，提示学生不要拖腔拖调，在读不同的句子时，要注意语调、重读等方面的变化。值得一提的是，C老师也将语调的准确度作为评价学生语音学习的一个方面，这也从侧面向学生说明英语语调的重要性，让学生引起足够的重视。Z老师则是让学生走进故事，让学生在真实的情境之中感受语音语调。语音的学习就是为了帮助学生能流利、连贯且准确地进行发音，而超音段音位的学习在其中起到了至关重要的作用。在进行英语语流的训练时，教师应当循序渐进，应为学生提供直观有效的示范，让学生跟读模仿，体会语调、重读等在实际交谈中是如何进行的，感知英语的韵律和节奏，培养良好的语感。

（四）合理进行拓展训练，丰富语音教学内容

虽然语音教学在初中阶段是重点部分，但总体来说，相关的教学材料还是比较少的。因此，对于教师来说，如何基于学生的认知水平和现

有教材有效地进行拓展,使语音教学不脱离整体的英语教学,是一个值得思考的问题。

在本书的优质课例中,C老师和Z老师分别在最后环节给学生呈现了绘本故事,对语音教学进行了拓展,丰富了教学内容,巩固了课堂所学,也提高了学生的学习兴趣。初中生对色彩鲜艳、内容生动有趣的绘本故事极为感兴趣,两位老师正是抓住了学生的这一特点,在课堂的最后向学生呈现了绘本故事,让学生通过阅读绘本巩固所学的语音知识,并且运用拼读规律认读了新的单词。学会利用拼读规律认读单词是语音教学的目标之一,教师通过让学生进行绘本阅读,使学生在阅读的过程中内化拼读规律,将拼读规律的运用与对绘本内容的理解有机结合起来,有助于学生阅读能力的提高。这样的拓展练习,不仅丰富了学生的英语词汇量,而且也能够激发学生的想象力,锻炼学生的英语思维能力。

因此,教师在进行语音教学时,不应仅仅停留在教材层面上,要基于学生的学情和教学内容合理地进行拓展训练。要始终牢记语音版块并不是单独存在的,而是要与听、说、读、写这四个技能相关联。只有这样,语音教学才不会显得单调无趣,也才会让学生在语音习得过程中,获得良好的语言能力以及敏捷的思维能力。学好语音不但有利于正确表达自己的意思和观点,而且有助于学习词汇、语法和发展听、说、读、写等技能。在语言三要素中,词汇和语法都是通过语音表现出来的。语音学不好,学生语言能力的发展将会受到直接影响。事实表明,英语语音好的学生,他们利用拼读规律记忆单词,以及听、说、读、写等方面的能力也都较强。

附录

附录一　七年级学生调查问卷

1. 你对语音接触的情况是怎样的？
   A. 系统学习过语音。
   B. 学习过语音，但不系统。
   C. 接触过语音学习。
   D. 没有接触过语音学习。
2. 你能否掌握语音教学的内容？
   A. 完全能够掌握。
   B. 基本上能够掌握。
   C. 能够掌握部分内容。
   D. 仅能够掌握很少内容。
3. 你觉得语音学习重要吗？
   A. 非常重要。
   B. 比较重要。
   C. 一般。
   D. 不重要。
4. 你对自己的语音基础如何评价？
   A. 优。
   B. 良。
   C. 中。
   D. 差。
5. 你对语音学习感兴趣吗？
   A. 非常感兴趣。

B. 比较感兴趣。

C. 一般。

D. 不感兴趣。

6. 你对语音学习重视吗?

A. 非常重视。

B. 比较重视。

C. 一般。

D. 不重视。

7. 你的英语老师在日常教学中渗透语音知识吗?

A. 经常。

B. 有时。

C. 很少。

D. 从不。

8. 你认为语音学习的内容是什么?

A. 音节知识和音素的发音方法。

B. 读音和规律。

C. 语流和语调知识。

D. 不知道。

9. 你认为学好语音对英语学习会产生什么作用?

A. 可以提高应试能力。

B. 可以提高听说能力。

C. 可以拥有地道的发音。

D. 不清楚。

10. 在语音学习时你愿意积极表现自己吗?

A. 非常不愿意。

B. 不愿意。

C. 一般。

D. 非常愿意。

11. 你对语音学习难度的评价是怎样的？

A. 非常难。

B. 比较难。

C. 一般。

D. 不难。

12. 你认为在音标学习方面存在哪些难度？

A. 元音学习。

B. 元音和辅音学习。

C. 辅音学习。

D. 无难度。

13. 你认为在语调和语流方面存在哪些难度？

A. 无难度。

B. 句子重读。

C. 连读和弱读。

D. 语调和节奏。

14. 你是如何发现自己在语音学习方面存在的问题的？

A. 通过自查的形式发现。

B. 通过老师的指导发现。

C. 通过同学的互评发现。

D. 很难发现问题。

附录二　九年级学生调查问卷

1．你能运用语音知识进行哪些学习？

A．能根据音标拼出单词。

B．能使用读音规则记忆单词。

C．能使用音标给单词做标注。

D．能使用相关语音知识背诵单词。

2．你了解学习音标的目的吗？

A．非常了解。

B．比较了解。

C．不太了解。

D．不了解。

3．你认为学习语音有什么作用？

A．能帮助记忆单词。

B．能帮助提高听说能力。

C．能帮助提高阅读速度。

D．不知道。

4．你认为老师是有计划地教授语音知识吗？

A．非常有计划性。

B．比较有计划性。

C．很少有计划性。

D．没有计划性。

5．老师在进行语音教学时，会补充课外内容和扩展练习吗？

A．经常补充。

B．有时补充。

C. 很少补充。

D. 从不补充。

6. 除传统的跟读、朗读和模仿等语音教学手段外，你的老师还会采取其他多种多样的语音教学辅助手段吗？

A. 没有。

B. 很少。

C. 比较多。

D. 很多。

7. 你对于视听结合的语音教学方法如何评价？

A. 非常喜欢。

B. 喜欢。

C. 一般。

D. 不喜欢。

8. 你的语音学习时间，在所有的听说读写学习时间里所占的比重是怎样的？

A. 很多。

B. 比较多。

C. 很少。

D. 几乎没有。

9. 你平均每天在课堂以外朗读英语的时间是多少？

A. 30 分钟以上。

B. 10～30 分钟。

C. 少于 10 分钟

D. 没有朗读。

10. 你所在班级的人数是多少？

A. 60～69 人。

B. 50～59 人。

C. 40～49 人。

D. 70 人以上。

11. 你每周参加英语口语训练的频率是怎样的？

A. 每天都参加。

B. 每周三次左右。

C. 每周一次。

D. 几乎不参加。

12. 你没有参加口语训练的原因是什么？

A. 个人基础不好。

B. 课时紧张。

C. 考试导向问题。

D. 班级人数太多。

13. 当你出现语音不正确时，老师的纠错手段是什么？

A. 经常被老师指出语音问题，并且可以得到阶段性、回顾性检测。

B. 经常被老师指出语音问题，但很少有后续跟踪和后续检测。

C. 很少会被老师指出语音问题，也没有后续跟踪和后续检测。

D. 老师没有指出问题。

14. 你对现行的语音教学是如何评价的？

A. 同时满足了考试要求和实际语言运用需求。

B. 只满足了考试要求。

C. 只满足了实际语言运用需求。

D. 既没有满足考试要求，也没有满足实际语言运用需求。

15. 你所接受的语音考核形式有哪些？

A. 通过朗读课文来考核。

B. 通过口语测试来考核。

C. 考核方式多样化，有平时测试也有综合测试，有老师评价也有同学互评。

D. 没有接受过语音方面的考核。

附录三　初中英语早自习诵读存在的问题及改进策略研究①

摘要：初中阶段相较于小学阶段最为显著的一个变化就是早自习的出现。结合各个学校早自习的实际情况来看，大多数学校的早自习是语文和英语，这种分配也从侧面说明了早自习对英语学习的重要作用。早自习是一种学生起支配作用的学习形式，对于初中英语学习具有重要作用。文章以初中英语早自习为例，客观分析了其存在的问题，并根据这些问题提出了相应的解决措施，以利于提高初中英语早自习的质量，从而实现提高学生英语能力与成绩的目的。

关键词：初中英语；早自习；现状分析；策略研究

英语作为一门外语学科，学生学习起来比较困难，并且语言类学科的学习不能避开语言基础材料——单词的识记，因此英语早自习就在初中生英语学习过程中扮演着不可或缺的重要角色。英语早自习的质量直接影响了初中生英语学习的质量，结合初中英语教学实际而言，早自习的进行仍然存在很多不尽如人意的地方，需要在结合初中生英语学习情况以及英语学科特点的基础上，对英语早自习进行适当的调整，以使其在英语学习中的作用得以凸显。

一、初中英语早自习诵读存在的问题

（一）诵读内容单一

尽管早自习是一种自习形式，教师不像平时上课那样讲解知识、安

① 本文发表于《中国教工》，2021年第71卷第16期6月（上）。收入本书时略有改动。

排教学活动等，但是学生大多缺少自主性。结合初中英语教学的实际情况来看，英语早自习的诵读任务是由教师指定，并且会在早自习结束或者上课之前对诵读结果进行检测。而早自习诵读的内容绝大多数是英语单词，也有一些是背诵短语、固定搭配和优秀作文，诵读内容非常单一。

（二）诵读形式不够多元

初中生对于英语学习已经有了一定的基础，也掌握了一些基本的英语学习方法，因此教师在早自习中通过采用单一背诵＋检测的形式，过于单一，不够多元。初中英语早自习的基本章程就是教师布置诵读任务、学生进行诵读、教师或组长对诵读结果进行检查，这一单一的诵读形式影响了初中英语早自习质量的提高。

（三）诵读结果检测方式陈旧

初中英语早自习的诵读结果检测方式通常是口头提问与听写两种，检测主体主要是英语教师以及小组组长。口头提问与听写两种形式都不能达到良好的提高诵读质量的目的。选择口头提问时，学生的侥幸心理严重，认为教师不会提问到自己；而应用听写进行检测时，学生又会通过小纸条的方式作弊，因此诵读结果检测的真实性并不高，教师无法及时通过检测结果来对英语早自习进行调整。

二、提高初中英语早自习诵读质量的措施

（一）拓宽诵读内容来源渠道

英语早自习虽然是一种自习形式，需要给予学生一定的自主性，但是初中生的认知水平有限，并且刚刚开始增设早自习，因此需要教师对学生进行指导，表现在诵读内容方面就是教师要为学生合理选择诵读内容。首先，诵读内容要以英语教材为准绳，教材作为教学活动的重要

依托材料需要给予充分的重视，因此教师在选择诵读材料时要以教材为主，组织学生进行教材内容的复习与预习。其次，教师要自觉摆脱应试教育观念的桎梏，认识到提高学生的英语能力是英语早自习的重要目标，拓宽诵读内容来源渠道，通过一些拓展读物来丰富诵读内容，促进学生英语能力的提高，满足素质教育的需要。

（二）创新早自习诵读形式

在面对较大升学压力的初中阶段，英语早自习已经成为一种提高英语成绩的重要途径，因此背诵单词、知识点等已经成了早自习的主要内容，诵读形式也是非常单一，教师在领读之后就组织学生进行大声背诵，单一的诵读形式不利于学生英语能力的提高。因此，教师要创新早自习诵读形式，例如采取出声读与默读结合、单独读与齐读结合等诵读形式，还可以在早自习开展一些朗读活动，让学生积极参与到诵读活动中，实现英语能力与英语素养的提高。

（三）促进诵读结果检测方式的多元化

当今初中，早自习最常采用的检测形式就是口头提问与听写，这两种检测形式在实际应用过程中都表现出了弊端，难以达到良好的检测效果，教师也就无法得知学生的学习效果，影响了下一步教学活动的开展。因此，教师必须要促进诵读结果检测方式的多元化，最大限度地提高检测结果的科学性与准确性。首先，教师要积极利用小组检测。在当今的班级授课制中，每个班级的人数都很多，并且在早自习教师通常要带两个班，无法顾及所有学生。因此，采用小组检测法，可以掌握每个学生的学习状况，有利于提高诵读的质量，诵读结果检测的准确性也可以得到保障。其次，教师要创新诵读结果检测形式，可以利用一些主题活动检验学生的诵读效果。学习英语的目的就是应用，通过一些英语主题活动，让学生使用英语，在应用英语的过程中教师自然就可以掌握学生的诵读效果，进而为接下来的教学活动提供指导，学生也能在实际应用英语的过程中提高自己的英语能力。

结语

英语是贯穿学生整个学习阶段的重要学科,在经济全球化的今天,英语的作用日益凸显。因此,提高学生的英语能力符合新课程标准的要求。英语早自习作为提高学生英语能力的重要途径,要结合实际情况对其进行调整,促进其积极作用的发挥。

参考文献

[1] 张亚娟.初中英语早自习诵读存在的问题及改进策略[J].科技资讯,2021,19(1):133-135.
[2] 李红梅.摭谈初中英语早读课效率提升策略[J].吉林教育,2020(33):54-55.
[3] 徐晓亮,程艳.初中英语早读课上的英语经典诵读活动开展之我见[J].英语画刊(高中版),2020(32):102.

附录四　新课改背景下初中英语高效课堂构建策略[①]

摘要:随着当前新课程改革的不断深入,在初中阶段的英语课堂教学过程中,教师的教学模式也在发生着翻天覆地的变化。在以往的初中英语课堂教学过程中,很多教师往往受传统教学观念的限制,在实际教学过程中利用知识灌输式的教学模式为学生开展教学活动。在这种相对闭锁的教学模式下,很多学生对英语学习的兴趣难以被激发,学习效率也得不到有效提升。为此,在新时期英语课堂教学过程中,教师应当切实转变传统的教学观念,不断学习先进的教学模式,积极利用有效的教学手段为学生开展课堂教学活动,切实激发学生的英语学习兴趣,提高学生参与英语学习的积极性,使学生切实感受到英语学习的乐趣所在。

关键词:初中英语;高效课堂;方法策略

英语作为一门全球通用性语言,对学生日后的工作、生活能够带来很大的帮助,因此,学生要努力学好英语。对于初中阶段的学生而言,该时期正是学生形成良好学习观念的关键阶段,学生只有正视英语知识的学习,其自身才能够摆正英语学习的态度,才能更好地融入课堂教学活动当中,提高英语学习效率。对于教师而言,传统的教学模式早已不能适应现阶段学生的学习需求,亟须更为高效的教学手段。因此,为了能够更好地提高初中英语课堂教学效率,教师应当不断学习更多高效的教学技巧,积极利用有效手段为学生营造良好的英语学习环境,切实激发学生的英语学习兴趣,使学生能够积极参与其中,不断掌握更多

---

① 本文发表于《中国教师》,2021 年第 25 期。收入本书时略有改动。

的英语知识内容，为构建英语高效课堂奠定基础。

一、精心备课，奠定高效课堂基础

科学的课前备课可以为课堂教学的顺利开展奠定基础。作为初中英语教师，应当提高对课前备课的重视程度，积极开展备课工作。教师若想切实提高自身的备课效果，首先应当从教材着手，通过对教材内容的充分挖掘，帮助学生找到其中的重难点，结合有效的教学手段为学生开展更为高效的教学活动，使学生能够积极参与其中，切实提高学生的学习效率。因此，在课堂教学工作开展以前，教师应当努力进行备课工作，不断挖掘教材的知识内容，从而为学生开展高效的教学活动。

例如，在进行七年级上册“Unit 2 I’m Wang Lingling and I’m thirteen years old”教学过程中，教师可以通过挖掘文章教材内容为学生制定高效的教学目标。在具体教学过程中，首先，教师要使学生熟记并会运用书后单词表中的单词和书中出现的短语，理解并运用重难点句型“What’s his /her name?”“How old is he/she?”等。其次，教师要能够使学生读懂关于个人信息介绍内容的文章，并发现个人信息。最后，教师可以通过向学生介绍自己的信息，增进与学生之间的感情，培养学生良好的人际交往能力。利用制定教学目标的方式，可以切实保证学生学习方向的准确性，使学生能够根据教师制定的学习目标正确地开展学习活动，进一步提高学生的学习效率，为构建初中英语高效课堂奠定基础。

二、创新教法，高效课堂构建途径

在初中阶段的英语课堂教学过程中，很多教师的教学手段单一落后，难以激发学生的英语学习兴趣。而学生的学习兴趣是保证学生能够积极参与课堂学习活动的关键因素,因此,为了能够更好地提高课堂教学效率、激发学生的英语学习兴趣,教师应当从自身教学方式上着手,积极利用有效的教学手段为学生开展多样化的教学活动,从而更好地激发学生的学习兴趣,调动学生的主观能动性,使学生积极参与学习,并从中掌握更多的英语知识内容。

例如,在进行七年级上册"Unit 1 Are you getting ready for Spring Festival?"的单元教学过程中,教师可以利用角色扮演的形式组织学生开展学习活动。通过引导学生根据教材内容中的故事情节开展模仿活动,学生可以充分锻炼自身英语口语水平,切实提高学习兴趣,积极参与学习,切实调动主观能动性,在轻松愉快的游戏活动中充分感受英语知识的魅力所在,加深对英语学习的喜爱程度,为提高课堂教学效率奠定基础。

三、尊重学生,优化高效课堂构建

《义务教育英语课程标准(2017 年版)》强调,教师应当更为关注学生的课堂主体性作用,要求教师利用有效的教学手段切实激发学生的课堂学习主动意识,提高学生自主学习能力,尊重学生的个性化发展特点,满足学生的学习需求。因此,为了能更好地达成这一要求,教师首先应当从师生关系上着手,与学生之间建立良好的沟通渠道,积极与学生进行沟通交流,了解学生在实际学习过程中遇到的各种问题,并为其开展更具针对性的教学工作,从而进一步提高学生的学习效率,拉近师生之间的距离,使学生快速对教师产生信任。只有这样,学生才能够喜爱英语教师,才能进一步热爱英语知识的学习。

在具体教学过程中,教师可以利用信息技术手段为学生建立相应的知识交流平台,鼓励学生在平台上积极发言,将自身在学习过程中遇到的问题及时在平台上与其他学生及教师进行交流。这样做,可以帮助学生全方位解决学习问题，进一步提高学习效率，为构建初中英语高效课堂奠定基础。

综上所述，随着新课程改革的不断深入，在初中阶段的英语课堂教学过程中，教师要转变自身传统的教学观念，加强对英语学科的重视程度，积极利用有效的教学手段为学生营造良好的英语学习环境，切实激发学生的英语学习兴趣，使学生能够积极参与学习，并从中感受到英语知识的魅力所在，从而提高学生的学习效率，为构建初中英语高效课堂打下扎实的基础。

参考文献

[1] 李红霞. 浅析新课改背景下初中英语高效课堂的建设[J]. 新东方英语·中学生，2018(12)：103.
[2] 常靖伟. 浅析信息化时代初中英语高效课堂的构建[J]. 新东方英语·中学生，2018(12)：88.

附录五 依托构词法,轻松学词汇①

一直以来,英语词汇都是造成学生英语学习困难的主要因素。造成这种情况的一个重要原因是,学生没有掌握英语词汇的构词规律,对于词汇的学习仅靠简单机械的记忆,不但增加了记忆的难度,也影响了记忆的效果。教师在初中英语词汇教学中,不失时机地引入构词法知识,可以帮助学生发现词汇的构成规律,增加词汇学习的乐趣,提高词汇学习的效率。

一、恰当拆分独立单词,快速记忆复合词

在英语词汇中,有些单词是由两个或者更多的单词结合起来构成的,这类单词被称为复合词。对于这一类型的单词,如果学生能够及时总结构词规律,加上原有单词的基础,记忆起来就相对容易很多。因此,教师在组织学生学习英语词汇时,可以针对复合单词,引导学生恰当地分割出其中包含的独立单词,增强学生对新单词的熟悉感,也可以通过类推让学生掌握一组单词,快速记忆和扩充英语词汇。

例如,在教学牛津译林版英语七年级下册 Unit 2 Neighbours 时,教师可以结合这一单元中部分单词是复合词的特点,即组织学生对其中部分复合型单词进行集中学习。首先,让学生找出包含 some、any、man 的单词,如 something、someone、anyone、anything、policeman、postman 等,然后让学生观察这些单词的特点,即这些单词都是由两个单词组合而成的:some-thing、some-one、any-one、any-thing、police-man、post-man,还

① 本文发表于《英语画刊》,2018 年第 11 期。收入本书时略有改动。

有学生发现这些单词经过拆分，变成了两个独立的、简单的单词。在这个基础上，教师给予点拨，让学生通过拆分的方式记忆复合词的发音及书写。

教师引领学生掌握复合词的拆分方法，发现复合词的构词特点，不但可以降低英语词汇学习的难度，而且能够为词汇学习增添一些乐趣，帮助学生顺利完成词汇的拓展，有效提高英语词汇的学习效率。

二、合理渗透词根词缀，高效掌握派生词

派生词是英语主要构词法之一。此方法借前缀或后缀之助，制造出派生词。学生掌握了前缀、后缀的构词知识，可以迅速积累词汇，甚至推测生词的意思。教师组织初中英语词汇教学时，需要根据初中阶段英语词汇的特点，有意识地向学生渗透一些词缀的知识，帮助学生掌握派生词的构成规律、理解单词的结构、培养词汇学习的乐趣。

例如，在教学牛津译林版英语七年级下册 Unit 5 Amazing things 时，教师可以让学生找出 amazing 这个单词中熟悉的部分。有学生找出"amaz"，并指出"amaze"是"amazing"的词根。教师首先肯定了学生的论断，然后引导学生认识词缀"-ing"。教师还可以举出例子 interest—interesting，让学生比较两个单词的词形和意思的不同。学生通过类推，可以深刻领悟到从 amaze 到 amazing 的意思转变，记忆也更加牢固。接着，教师可以用同样的方式教学 quickly、carefully 等单词，既可以让学生了解"*adj.* +ly"构成副词的形式，也可以让学生掌握词缀的知识。

教师按照初中英语词汇学习目标，对学生进行词缀的渗诱，能帮助学生更好地埋解英语词汇的构成，找到派生词的构成规律，掌握归类词汇的方法，培养英语思维能力，提高英语词汇学习效率。

三、适当拓展单词意思,迅速突破转化词

纵观丰富的英语词汇,不难发现很多单词虽然词形没有改变,但却具有多种词性,表达多种意思,也呈现出多种多样的用法。这类词称为转化词,它们集中体现了英语词汇的丰富性与多元性,是英语语言发展演变的结果。教师在开展初中英语词汇教学时,需要特别注意这些转化词,带领学生一起学习一词变多词,让学生掌握词汇的不同用法,并灵活运用于英语表达中,丰富学生的词汇量。

例如,在教学牛津译林版英语七年级下册 Unit 6 Outdoor fun 时,教师可以通过几个比较简单常用的转化词,让学生明白词汇中一个单词可以有多种意思。例如,在教学 watch 这个单词时,教师可以让学生回想“看电视”这个短语用英语怎么说。学生回答“watch TV”时能够发现 watch 这个单词既有名词词性的“手表”的意思,也有动词词性的“观看”的意思。这时,教师可以让学生分别举例说明 watch 这两种词性的用法。有学生回答:“I have a watch. At eight in the evening, I usually watch TV.”在这个基础上,教师可以举例 hole 这个单词,当它是名词词性时,意思为“洞、孔、穴”;当它是动词词性时,意思为“打洞、穿孔;凿洞、(球)进洞”等。通过这些词义的扩展,可以让学生明白转化词的特点,并且写出相应的例句 。

英语中一个单词具备几种词性,进而引申出不同的词义和用法的现象非常普遍。针对这类转化词的学习,教师可以适当补充相关信息,设计不同的语境,帮助学生理解转化词的多种意思,让学生学会正确灵活地运用转化词,从而提高英语水平。

总之,教师合理渗透构词法的知识,让学生理解英语词汇的构成规律,不仅能使学生的词汇学习变得轻松高效,而且可以增强学生学习英语的信心、提高学生学习英语的兴趣。教师应抓住初中生的思维特点,

注重对学生抽象思维的训练,引导学生自觉发现词汇的构成规律,让学生亲身体验学习的乐趣和成就感,使学生掌握科学的词汇学习方法,强化学生的自主探究学习能力,从而使学生全面提升综合能力。

附录六　英语课要讲究精、气、神[①]

摘要：英语课堂是学生学习英语的主要途径，是学生学好英语的关键。为了在有限的教学时间里，最大限度地提高教学效率，教师对于英语课的教授一定要讲究精、气、神。

关键词：精；气；神；民主；创新

竞争日益白炽化的时代，更需要具有较高科学文化素养和实际才能的人，而英语是造就这些人才所不可缺少的学科。英语教师更应关注时代的发展变化，使教学跟上迅速发展的时代和变化着的新形势。教师对于英语课的教授要讲究精、气、神。

一、精——精心的设计、精当的目标

教学设计的过程，实际上就是为教学活动制定蓝图的过程。通过教学设计，教师可以对教学活动的基本过程有一个整体的把握，可以根据教学情景的需要和教学对象的特点确定合理的教学目标，实施可行的方案，从而保证教学活动的顺利进行。教学设计是分析学习需要和目标，以形成满足学习需要的传送系统的全过程。目前，我国的多数学生在初中时才真正开始学习英语。学英语和孩子自幼学习母语有着很大的不同。初学英语时，学生一般已经能够熟练运用母语，并开始习惯运用母语思维，吸收新事物、理解新问题，也自然会把学习母语的经验和已学得的母语知识运用到英语的学习中。学生在学习英语的音、词

① 本文发表于《语数外学习》(英语教育)，2013 年第 8 期。收入本书时略有改动。

或句子时，总会联想到汉语的音、词或句子。例如学习英语音标/tʃ/、/v/时，有些学生会读成拼音声母“ch”和“w”的发音，把英语的/əː/发成汉语的“二”；有些学生会在单词后用汉字注音等。母语成了学习英语的严重障碍。因此，要培养学生听、说、读、写及运用英语的能力，就要求教师在教学设计中一定要处理好母语和英语的关系，这决定了英语课堂设计不同其他学科设计。因此，在英语教学中教师要精心设计。

另外，英语教师在英语教学中要制定精当的目标。目标至少要包含以下三个方面的内容和要求：第一，目标始于问题的需要和设想，需要以大量的“勘察”，以及发现事实和调查研究为前提。第二，目标包括总体目标和具体目标。第三，目标的制定要结合学生的现状。英语不同于其他学科，作为英语教师在制定教学目标时，切忌目标太高太难。学生对英语的学习本来就不轻松，目标设置太高就像在旗杆上挂个苹果让学生去摘，如果因为旗杆太高摘几次没有摘到，学生就会失去信心。因此，英语教师要结合教材，根据学生的情况制定精当的目标，这样才有利于教学的顺利进行，有利于学生英语水平的提高。

二、气——民主的气氛、创新的气魄

有位老师到国外学习，在观摩国外课堂时发现，国外学生上课时，有的站着，有的趴在桌子上，什么姿势都有。课上到一半时有学生对老师说：“老师，你看外面的阳光多好，我们到操场的草坪上去上课吧，既可以享受美好的阳光，又可以学习。”结果，那位老师真的带领学生们到操场上去上课了。如果这种情况发生在中国的课堂上，后果将会是怎样的？笔者的孩子刚上幼儿园小班几天就回家说：“小手背背后，身子坐坐直。”想想我们上学时，老师不是在一直要求这种坐姿吗？山东的杜郎口中学打破了多年来对学生上课坐姿的要求，结果成功了。笔者到杜郎口中学考察时发现，他们解放的不仅仅是坐姿，而且是思想。在他们的课堂上呈现的是民主的、和谐的气氛。因此,在我们的英语课堂上,也应为学生创造民主、和谐的气氛,让学生轻松、愉快地学习知识。

全面提高教育质量是广大教师孜孜追求的奋斗目标。但是,在过去相当长的时间内,教育质量都没有较大的突破,原因之一就是教师缺乏研究的精神和创造的能力。一些教师凭着自己的"老经验"埋头苦干,靠不断加重学生的负担来换取表面的"高质量",结果造成学生高分低能,教师苦不堪言。广大中小学教师难以用研究和创造的方法来处理教学过程中所遇到的问题,从而降低了教学的效率。学生长期在传统的、单一的学习模式下被动地学习,从而缺乏创造的激情和活力。因此,笔者认为,作为一名英语教师应该有创新的气魄,应该带领学生深入走进西方文化,汲取其精华。

三、神——研究的精神、传神的讲授

在充满多样性、变动性和复杂性的课堂环境下,教师不能仅仅是教学的执行者,还必须成为一名研究者。教师既要做到把教学的理念和技巧内化,以便研究自己的教学,同时又要使自己的教学更加有效。"教师成为研究者"是创建中国新时代教育理论和学校实践模式的希望之路,也是铸造我国新一代教育家的必由之路、是推进素质教育的必由之路。有学者认为,教学与研究可用一种简单的加法表示,即教师的工作时间(T)=教学时间(I)+研究时间(R)。当 T 值不变时,I 值越大,则 R 值越小;反之,R 值越大,则 I 值越小。这就说明一名合格的教师不仅是知识的传授者,更是一名研究者。特别是英语教师,由于对西方的文化、历史等方面不是太了解,就更要深入研究教材和相关资料,以提高教学效率。笔者认为,只要教师肯动脑筋,就一定能够找到带领学生走进知识殿堂的捷径。在新课程改革背景下,只有研究型教师才能真正理解文本和学生,才能根据时代的需要,不断地调整、转变自己的教育理念，改善教学行为，与学生一起成长。

英语教师仅有良好的英语功底并不一定能够教好英语。只有接受教法的培训和指导，不断地对英语教学方法进行潜心学习和研究，才能成为一名合格的英语教师。语言教学既是一门科学，又是一门艺术。英语教师如果想要取得良好的教学效果，就必须掌握教学的规律和方法，特别要有扎实的教学基本功。教师要在"演"（表演）、"唱"（唱英语歌）、"画"（画简笔画）等方面下功夫。同时，英语教师还要富有感染力和幽默感。这样，才能吸引学生，使教学内容和要求为学生所接受，课堂讲授才能传神，学生听得才能入神。

总之，英语教师在英语课堂上若能精心设计教学、制定精当的目标，为学生创造民主的气氛，教师自己具有创新的气魄，再加上传神的讲授，就一定能够促进英语教学质量的不断提高，培养出新时代所需要的英语人才。

附录七　英语教学应“穿新鞋，走新路”[①]

目前教师累、学生苦、教学效率低的现状，让许多热心教育的人士都在探索教育改革问题，也让许多国人开始重新审视令人迷茫的应试教育体制。山东教育的改革在全国一石激起千层浪。笔者认为，革新一定要先革心。作为一名英语教师，不应再受教材的束缚，不要再像以前的教改一样“穿新鞋，走老路”，要从我们的思想认识上进行真正的改革。在全球资源共享、文化大融合的背景下，新时代的英语教师不应只局限于教材，而应趁着教改的东风，利用高速发展的现代教育媒体，在英语教学中实行真正的素质教育，让学生多了解西方文化的精髓，帮助学生全面学好英语，实现学生自己的价值。笔者认为，在英语教学中，可以从以下几个方面充分利用现代教育媒体。

一、声形具现，帮助记忆

在课堂上，应让学生见其形、听其声，让学生的多种感觉参与记忆。笔者上初中的时候别说现代教育媒体了，老师连录音机都没有，同样的单词，每个老师发的音都不一样，学生读得更是南腔北调；学生背诵单词非常困难：眼睛闭着、手捶着桌子，一遍一遍地强行记忆，即便记住了，在做听力题时仍听不准录音中的准确发音；背诵课文就更难了，由于学生对西方文化根本不了解，背得慢、忘得快。当时，大家都怕上英语课，对英语更是毫无兴趣可言。虽然学生在英语学习上占用了大量时间，但是英语水平仍然不高。

---

① 本文发表于《中学生英语》，2013 年第 9 期。收入本书时略有改动。

而现在有了现代教育媒体就不同了。在英语教学中,我们可以充分发挥现代教育媒体声形具现的优势。如在学习单词时,可通过教师呈现的直观教具,边看实物,边理解记忆。又如,在学习 Titanic 时,若只简单地把英文翻译成汉语,不让学生看这部电影,只让学生根据文字内容理解文章的意思,学生根本无法理解和感受这个故事所反映的爱情、人性、价值观等。于是,在上课前,笔者先在教室内利用投影仪选时播放了这部影片的几个重要片段,然后再和学生一起学习文章。结果,学生不仅快速掌握了英语知识,而且对西方文化产生了浓厚的兴趣,同时也提高了学习英语的兴趣。

二、楷模作用,分层教学

现代教育媒体能够提供地道的标准英语语音和语调。目前,我国多数学生在初中时才真正学习英语。学习英语和孩子自幼学习母语有着很大的不同。初学英语时,学生接触的每一个发音、单词或句子,自然都会联想到汉语的发音、词语或句子,甚至会将英语发音用汉语发音替换。记得笔者刚学英语时,父亲就很明确地告诉笔者:“不准用汉语去标英语,这样长时间下去会影响英语的学习,会让你的发音越来越不准,在做英语听力题时也会听不准。在开始学英语时,一定要下功夫把音标学好,要跟着录音反复练读。这样长期坚持下去,即使遇到没学过的单词也照样会读,并且能根据读音写出单词。”于是,在大家忙着给单词用汉字标注读音的时候,笔者却能正确地读出来。在大家苦不堪言地死记单词的时候,笔者却能根据单词的读音,轻松地把单词写出来。笔者当时的心愿就是当一名优秀的英语教师。

大学毕业后,笔者如愿当上了英语教师,并按照当年父亲教给笔者的方法教育学生们。笔者先让学生把音标学扎实,然后让学生反复地听录音、读准音。学生刚开始学习得确实辛苦,可慢慢地,越学越轻松,越学越快。很多同事都很好奇,为什么笔者教的学生都喜欢学英语?为什么笔者教地学生在英语学习上花的时间并不算特别多,可英语水平相对其他班的同学却高得多?

笔者认为,在英语教学中,应当充分利用现代教育媒体的优势,根据每个学生的特点因材施教,分层教学。这样,学生可以根据自己的需要选择学习材料,并可以了解自己的真实水平。另外,英语不同于母语,学生学起来比较困难,忘得也快。因此,在学习单词和文章时,教师应让学生跟着录音多听多练,尽量读准确。教师应努力做到不让一个学生因丧失学习英语的信心而掉队,应慢慢地去转化学困生,同时更好地去培养学优生,最终提高学生的整体英语水平。

三、增加实践机会

教师应充分利用现代教育媒体进行英语教学,增加学生进行语言实践的机会。有人说:即使是从来都没有学过英语的人,只要他去说英语的国家生活几年,也能说出一口流利的英语。当今,一些大学生虽然在上学时通过了英语四六级考试,但工作后由于长期不使用英语,很快就把之前的所学都还给了老师。究其原因,就是缺乏语言实践。

笔者的孩子正在上小学二年级,而他的学校从三年级才开始上英语课,笔者就买来一二年级的英语教材,每天晚上用十分钟左右的时间带着他边玩边学一点英语知识,确切地说是熏陶一下,平时再陪他看一些英语动画片,现在他的英语水平不逊于六年级的学生。这也说明实践是学好英语的重要途径。此外,教师在课堂上运用教育媒体开展情境实践活动时,应及时掌握反馈信息,以便于解决疑难问题,帮助学生清除学习中的障碍。

革新一定要先革心。在教育改革中,英语教师应让现代教育媒体走进课堂,为教学服务;应充分利用现代教育媒体,创设英语环境,提高教学效率,让素质教育在英语教学中得到真正实行。

参考文献

[1] 崔晓红.通用语背景下的中国英语语音教学思考[J].山东外语教学,2012,33(6):70-74.

[2] 李蓓蕾,陶沙,董奇.英语语音意识在汉语儿童英语单词阅读及拼写中的作用[J].心理发展与教育,2011,27(4):388-393.

[3] 林韶蓉.我国英语语音研究与教学现状分析及建议[J].福建农林大学学报(哲学社会科学版),2012,15(2):95-98.

[4] 刘剑.九年级英语语音教学模式探究[D].哈尔滨:哈尔滨师范大学,2013.

[5] 鲁子问.英语教学论[M].上海:华东师范大学出版社,2010.

[6] 鲁子问,康淑敏.英语教学方法与策略[M].上海:华东师范大学出版社,2008.

[7] 马卓,冯晓杭.《英语课程标准》的缺失:义务教育英语语音问题探析[J].东北师大学报(哲学社会科学版),2011(4):211-214.

[8] 裴正薇.英语语音成功者与不成功者使用策略的差异研究[J].外语教学理论与实践,2012(3):64-70.

[9] 田朝霞,金檀.英语语音评估与测试实证研究:世界发展趋势及对中国教学的启示[J].中国外语,2015,12(3):80-86.

[10] 王桂珍.英语语音教程[M].第2版.北京:高等教育出版社,2005.

[11] 万朝朝.中学生英语语音习惯调查及思考[D].武汉:华中师范大学,2007.

[12] 翟红华,赵吉玲.汉语方言对英语语音习得影响研究述评[J].外语界,2015(1):88-95.

[13] 钟启泉.教育方法概论[M].上海:华东师范大学出版社,2002.